Von Horst
zum 20.09.2015

Margrit Irgang
Leuchtende Stille

Margrit Irgang

Leuchtende Stille

Auf der Suche nach dem achtsamen Leben

HERDER

FREIBURG · BASEL · WIEN

Ich danke meinem Lehrer Thich Nhât Hanh für alles,
was ich von ihm lernen durfte.

MIX
Papier aus verantwortungsvollen Quellen
FSC® C083411
www.fsc.org

www.herder.de

Umschlaggestaltung: Guter Punkt, München
Umschlagmotiv: © Gayvoronskaya_Yana / shutterstock
Innengestaltung: © Designbüro Gestaltungssaal

Satz: Layoutsatz Kendlinger Mediendesign
Herstellung: CPI – Clausen & Bosse, Leck

Printed in Germany

ISBN 978-3-451-30732-4

Tag und Nacht, was immer euch begegnet, ist euer Leben.
Dogen Zenji

Offene Weite – nichts Heiliges!
Bodhidharma auf die Frage von Kaiser Wu, was Zen sei

Der Alltag. Die Stille. Das Leuchten.

Vor zwei Jahren hatte ich den Wunsch, herauszufinden, welche Spuren meine Zen-Praxis in meinem Leben hinterlassen hat. Ich hatte dreißig Jahre lang Zazen gesessen und im Lauf der Jahre viele Sesshin und Seminare besucht. Nie hatte ich die Übung mit einem Ziel verbunden. Ich saß, weil ich gerne saß. Ein Ziel also hatte ich, ganz im Geist des Zen, weder formuliert noch erreicht.

Ich beschloss, zwei Jahre lang ein Journal zu führen, um mein tägliches Leben mit Zen-Augen zu betrachten. Ich wollte also nicht, wie das im formalen Zen geschieht, die Übung auf mein Leben anwenden, sondern im Gegenteil im Alltag die Spuren meiner Zen-Übung finden. Oder auch nicht. Ich war da ganz offen.

Zen liebte ich seit jeher vor allem deshalb, weil es eine spirituelle Praxis ist, die ohne religiöse Institution auskommt. Ich brauche keinen „Vermittler" zwischen mir und dem, was größer ist als mein kleines Ich; die Praxis selbst ist der „Vermittler". Was ich mit ihrer Hilfe entdecke, ist nicht als Dogma vorformuliert und deshalb immer neu, überraschend und ganz persönlich.

Es ging mir um die genaue Wahrnehmung dessen, was geschieht.

Das längst aus dem Sprachgebrauch verschwundene Substantiv „Wahr" bedeutete einst „Aufmerksamkeit, Acht, Obhut"; die indogermanische Wurzel des Verbs „wahrnehmen" ist „hüten, aufpassen, schützen". Der Wahrnehmende nimmt die Dinge und Menschen, die ihn umgeben, in seine Obhut; mit seinem Blick behütet und schützt er sie. Die entscheidende Frage ist, ob der Blick des Betrachters klar und weit genug ist, um ein Hüter zu sein. Der enge Blick schließt aus, verkleinert und lässt nur ein, was ihm ungefährlich erscheint. Ungefährlich ist immer das bereits Bekannte, deshalb macht der enge Blick keine Entdeckungen mehr.

Ich ging in meinem Leben auf Entdeckungsreise; die wichtigsten Fundstücke enthält dieses Journal. Es sind Alltagsmomente, Gedankensplitter, Erinnerungsfetzen; ab und an ein Mini-Essay, eine winzige Erzählung, ein Gedicht. Diese Form ist bewusst gewählt.

Ich hatte etliche Romane, ein Kinderbuch und einen Band mit Erzählungen veröffentlicht, und dann, vor etwa fünfzehn Jahren, war es mir nicht mehr möglich, erzählende Literatur zu schreiben. Die literarische Form „Geschichte“ schien mir kein geeignetes Mittel zu sein, Leben so abzubilden, wie ich es erfuhr. Wer Geschichten schreibt, erzeugt den Eindruck einer Folgerichtigkeit: Nachdem dies geschah, geschah jenes, und weil der Protagonist dies erlebte, geriet er in einen Bewusstseinszustand, der zu einer Handlung führte, die wiederum … Aber ist diese Kontinuität Teil des Geschehens, oder konstruieren wir sie hinterher in dem Wunsch, in unserem Erleben oder dem unseres Protagonisten einen Sinn zu finden? Ist unser Erleben von Welt nicht weitaus komplexer, nicht-linear, ein Geschehen, das auf mehreren Ebenen gleichzeitig stattfindet und dessen viele Facetten von uns zumeist nur unvollkommen wahrgenommen werden? Als der Physiker Bernhard Schiekel mir die grundlegenden Erkenntnisse der Quantenphysik erklärte, sagte er einen Satz, von dem ich sofort wusste, dass er mein Erleben von Welt und meine Art Literatur beschreibt: „Immer wieder springen sogenannte ‚virtuelle‘ Teilchen-Felder aus dem Vakuum heraus, stoßen an die ‚realen‘ Teilchen-Felder unserer Raum-Zeit und fallen wieder zurück ins Vakuum.“

Immer wieder leuchtet der Augenblick auf und enthüllt blitzartig ein winziges Stück Welt; ein Zusammenhang tut sich auf, der vorher nicht bemerkt worden ist. Vielleicht leuchtet die Welt auch immer, und nur ich bin es, die das nicht bemerkt? Um das Aufleuchten wahrzunehmen, muss ich mich also vorbereiten; ich brauche einen empfangsbereiten Geist, einen von Sorgen, Grübeleien, Wünschen und Erinnerungen leeren Geist, in den der Augenblick einer Sternschnuppe gleich hineinfallen kann.

Eine Möglichkeit, den Geist für den Einfall des Unerwartbaren vorzubereiten, ist für mich die Zen-Praxis. Zen ändert die Welt nicht, es manipuliert nicht den Augenblick zu unseren Gunsten, es verbessert nichts und niemanden, auch nicht den, der Zen praktiziert. Zen lehrt Wahrnehmen – und das ist sehr viel. Aber ist das Wahrnehmen und plötzliche Erhellen von Zusammenhängen nicht einfach nur subjektiv und somit ein rein persönliches Geschehen, ohne allgemeingültigen Wert?

Der Schriftsteller Wilhelm Genazino schreibt einmal davon, dass er seinem eigenen Blick dabei zuschaute, „wie er aus einer bloßen Ansammlung von Gegenständen eine wunderbare Verschwisterung der Dinge machte: ein Mysterium mit mir selbst in der Mitte".

Jeder Mensch verknüpft beim Sehen vorher Unverbundenes; der Künstler tut es nur bewusst. Der eigene Blick ist radikal subjektiv von der eigenen Lebenserfahrung geformt, und deshalb ist das Ich, das sich als Träger dieses Blicks fühlt, immer „in der Mitte" dessen, was es sieht. Jedes Ich, das sieht, empfindet sich auf diese Weise als Mittelpunkt seiner Welt. Und doch ist es gerade der eigene Blick, der, wenn er tief genug schaut, das Allgemeingültige enthüllt.

James Joyce sagte einst über seinen Entschluss, Schriftsteller zu werden: „Ich gehe zum millionsten Mal der Wirklichkeit der Erfahrung entgegen."

Die Wirklichkeit der Erfahrung ist nicht dasselbe wie eine für jeden nachvollziehbare beweisbare Realität. Im Gegenteil, es ist eine höchst subjektive Kategorie, und wer sich in ihr bewegt, sagt anständigerweise auch „ich" und versteckt sich nicht hinter einem vagen „man" oder einer sachbetonten Sprache. Erfahrung kann immer nur von einem Einzelnen gemacht werden. Deshalb ist sie jenseits von falsch oder richtig, wahr oder unwahr. Erfahrung *ist*, und die Aufgabe der Schriftstellerin oder des Künstlers ist es, ihre oder seine Sprache oder Bildsprache so fein und genau zu stimmen, dass sie der Erfahrung eine Gestalt verleiht. Dann wird sich etwas Erstaunliches herausstellen: In Gestalt der künstlerisch geformten persönlichen Erfahrung begegnet der Leser und Bildbetrachter sich selbst. Etwas, das vorher von ihm vielleicht nur dunkel erahnt wurde, wird ihm bewusst. Was die Lyrikerin Hilde Domin über das Gedicht schreibt, gilt für jedes Werk der Kunst: „Die benannte Erfahrung tritt dem Menschen gegenüber als etwas Objektives und wird auf eine neue Weise vollzogen: als sein Eigenstes, das aber doch auch andern widerfährt, ihn mit der Menschheit verbindet, statt ihn auszusondern. Er ist einbezogen und mitgemeint."

Ich bin mit diesem Journal der Wirklichkeit der Erfahrung entgegengegangen, und man sieht schon an der Formulierung: am Erreichen irgendeines Ziels bin ich nicht interessiert. Hin und wieder stelle ich eine Frage, ohne eine Antwort darauf zu erwarten. Ich frage, als würde ich eine Glocke anschlagen und dem Ton, den ich mit dem Klöppel erzeugt habe, nachlauschen. Nichts weiter als dies: lauschen. Wenn ich tief genug lausche, geschieht etwas in meinem Geist. Auch das hat mich das Zen gelehrt.

Was also bleibt von meiner jahrzehntelangen Zen-Praxis? Vielleicht die Erkenntnis, dass ein Tempel kein spitzes Dach haben und eine Kirche kein Kreuz tragen muss, weil ein heiliger Ort durch unseren Blick entsteht, überall, zu jeder Zeit. Vielleicht bleibt ein Duft. Eine Stimmung. Eine Abendwolke, die von der untergehenden Sonne einen kleinen rosa Bauch geschenkt bekommen hat. Ein Lied an einem Sommerabend, gesungen von einer unbekannten Frau hinter den Büschen im Nachbargarten. Der Weg einer Fliege auf einer Fensterscheibe. Wilhelm Genazino sagt: „In den Dingen ist Magie, in den Dichtern ist Magieerwartung."

Es bleibt das Staunen über die unzerstörbare Anwesenheit der Magie.

MÄRZ

aber wie das Glück aushalten
das uns in unbewachtem Moment
unter die Haut gepflanzt wird
dass es uns schleife
genauer und schärfer
als der Schmerz

Über dem Nichts schweben

Auf der Spitze der großen Fichte, dort, wo sie so dünn ist, dass sie im kleinsten Luftzug wedelt, lässt sich seit Tagen eine riesige Saatkrähe nieder. Fliegt an als plumper schwarzer Schatten und landet punktgenau. Der Wipfel neigt sich nicht, die Krähe bewegt sich nicht.

So über dem Nichts schweben zu können, anmutig und reglos. Einmal in Rufweite der großen Erleuchteten sein, denn die Erleuchteten scheinen wie Saatkrähen auf Fichtenspitzen zu schweben, sie sind „… zutiefst leer und hell, rein und rund und herrlich". Sagte Zen-Meister Hongzhi Zhengjue jedenfalls im elften Jahrhundert.

Aber was wäre das für ein Leben: eins ohne Gewicht? Ohne die Schwere, die Dunkelheit und die Gefahr, jederzeit abzustürzen? Spürt man sich dann überhaupt noch, wenn das Leben gewichtslos wird?

Und doch möchte ich einmal über dem Nichts schweben können. Anmutig und reglos. Vielleicht dann, wenn alles fast schon vorbei ist. Wenn als Nächstes nur noch der Aufflug bleibt, denn wer einmal fliegt, will nie wieder zurück.

Nein, der will nie wieder zurück.

Sie starb an einem warmen Spätnachmittag im März. Als ich die Nachricht bekam, sie läge in der Klinik und würde den nächsten Tag wohl nicht überstehen, dachte ich: Das ist typisch für sie, wenn es schön wurde, ist sie immer gegangen. Ich nahm den Nachtzug, um neun Uhr morgens war ich da.

Meine Heimatstadt liegt in einem Flusstal. Aus den Auen kann, vor allem im Frühjahr und Herbst, morgens ein wattiger Nebel aufsteigen, der dem Ortsfremden unauflösbar erscheint.

Der Eindruck täuscht. Das Taxi hielt vor der Klinik, ich ging durch die weiche Nebelluft auf den Eingang zu und wusste, es würde ein schöner Tag werden.

Sie lag auf der Intensivstation. Ich hatte mir immer vorgestellt, der Begriff „intensiv" beziehe sich in diesem Zusammenhang nicht nur auf die Art der Betreuung, sondern ebenso auf das Tempo, den Lärmpegel, die Geschäftigkeit. Hinter der Milchglastür zur Station aber herrschte eine sanfte Stille, wie sie manchmal abends am Meer aufkommt, bevor die Sonne untergeht. Ich ging an offenen Türen vorbei, hinter denen ich aufgetürmte Bettwolken sah, in deren Tiefen Schläuche verschwanden in Körpern, die ganz klein geschrumpft waren. Ich sah mich auf einmal durch diese Zimmer irren und mich über die Betten beugen auf der Suche nach dem Gesicht, das ich so gut kannte. Ich würde mich, schon über das richtige gebeugt, wieder abwenden, dachte ich, weil es sich so verändert hatte. Die letzte entscheidende Begegnung zwischen uns: verfehlt. Zum ersten Mal seit dem Anruf am Abend zuvor hatte ich das Gefühl, keine Zeit verlieren zu dürfen. Ich rannte in die Teeküche am Ende des Gangs, wo zwei Schwestern beim Frühstück saßen. „Ach, wie schön, die Tochter ist da!", rief die eine.

Noch war ich eine Tochter.

Sie war mit zahllosen Schläuchen verkabelt, Infusionen tropften in ihre Venen, Sauerstoff strömte in die Nase, und auf dem Monitor sah ich ihr Herz zacken. Als sie die Augen öffnete, wusste ich, sie hatte auf mich gewartet. Eine Instanz in ihr hatte das Sterben aufgeschoben, wie man den Beginn einer großen Konferenz verschiebt, weil noch eine Person fehlt, die wichtigste. Ihr Blick wanderte langsam über meinen Pullover und den Rock. Ich hatte meine Kleidung sorgfältig gewählt, wie immer, wenn ich zu ihr fuhr, und wie immer war ich ihr nicht elegant genug. Ich sah es. Und wurde fast glücklich unter dem Blick; den Schläuchen zum Trotz hatte er sich nicht verändert, nichts würde sich verändern, alles würde bleiben, wie es war.

„Du musst dir ein Pensionszimmer suchen“, flüsterte sie. „Aber ich habe doch einen Hausschlüssel“, sagte ich.

Wo war ihr Geist jetzt zu Hause? Nicht in dem Bett in dem weißgetünchten Raum, aber in der Wohnung, für die ich den Schlüssel hatte, auch nicht mehr. Wusste etwas in ihr, dass sie diese Wohnung nie wieder betreten würde?

Sie lag in einem Zweibettzimmer, für ein Einzelzimmer wollte die Krankenkasse nicht aufkommen. Die Frau in dem anderen Bett am Fenster schien das Sterben neben sich als persönliche Beleidigung zu empfinden. Sie schickte einen Strom von Flüchen herüber, die mit *Herrgottsackra* und *Gottseibeiuns* begannen, und der Mann, der neben dem Bett saß, warf missbilligende Blicke herüber und quetschte sich in die äußerste Ecke, als sei das Sterben ansteckend.

Meine Mutter war ein zurückhaltender Mensch. Sie hatte ein öffentliches Gesicht und ein privates, und ich erinnere mich nicht, dass sie die beiden je verwechselt hätte. In der Gegend von Bayern, in die es sie nach ihrer Flucht verschlagen hatte, wurde jemand, der keine Einladungen aussprach und niemanden besuchte, für arrogant gehalten. Und diese Frau, die auch hinter der verschlossenen Wohnungstür makellos gekleidet war, sollte hier in der für sie überwältigend großen Gesellschaft zweier fremder Menschen sterben in einem Klinikkittel, der hinten offen war. Was zwar niemand sah, aber jeder wusste. Ich klingelte und verlangte nach dem Stationsarzt. Zehn Minuten später wurde die fluchende Frau aus dem Zimmer gerollt.

Wir waren wieder zu zweit, wie wir es ein Leben lang gewohnt waren.

Es wurde Mittag, es wurde Nachmittag. Ab und an kam ein Arzt, ab und an eine Schwester. Sie kamen ruhig hinein und gingen leise hinaus. Es gab nichts mehr zu tun, es gab nichts mehr zu sagen. Draußen der strahlende Frühlingstag, der Jubel der Vögel. Im Klinikgarten sah ich Menschen miteinander in der Sonne sitzen. Sie planten ihren Sommer, sie besprachen ihre kleinen Dinge, die so wichtig erscheinen, solange das Leben fraglos ist.

Meine Mutter würde nie wieder ein Schuhgeschäft betreten, um ein Paar Pumps auszuwählen, silberne vielleicht, weil ihr silberne noch fehlen. Sie würde nicht mehr umziehen, keine neue Stadt mehr kennenlernen, keine Bekanntschaften schließen. Sie würde keinen Mann mehr lieben, kein Kind bekommen und kein ungarisches Gulasch mit winzigen Gurken mehr kochen, das sie mit viel zu viel Chili abschmeckte, was ihr nie wieder passieren würde. Sie würde keine neue Brille mehr brauchen, keine weitere Garnitur Unterwäsche, keine neuen Bettbezüge, keine Tassen und Teller. Sie würde nie wieder auf den Balkon treten, um den Reifegrad des Mondes zu prüfen, und nie wieder die Tochter anrufen, um zu sagen: „Er steht genau über dem Dachfirst und ist fast voll." Nie wieder würde sie ihre Wohnungstür aufschließen, ihren Mantel an die Garderobe hängen, aus den Schuhen schlüpfen und in der Küche Wasser für den Kaffee aufsetzen. Ihr grünsamtenes Sofa und den Schrank mit Nussbaumfurnier würde sie nie wiedersehen, nie wieder aus den vom kargen Erbe der Patentante nach dem Krieg gekauften hauchdünnen Gläsern mit Goldkugeln im Fuß trinken. Nie wieder würde sie sich in das nach dem Tod ihres Mannes, der nicht mein Vater war, viel zu große Doppelbett legen.

Ich sah ihr beim Atmen zu und dachte: Warum eigentlich soll sie das alles immer wieder tun, nur weil dies Leben genannt wird, und Leben gilt als wünschenswert. Während doch jetzt etwas Neues auf sie wartet, das nicht schlecht sein muss, nur weil es Tod heißt. Spricht nicht das Christentum vom Paradies, und hofft nicht jeder Buddhist, im Reinen Land wiedergeboren zu werden? Ich wünschte mir in jenem Moment dringend, meine Mutter möge, auf welchen Wegen auch immer, ins Reine Land reisen. Ich stellte mir vor, dass es dort keine Kriege gäbe, keine Flucht aus Frankfurt an der Oder, keinen Verlust des Besitzes im Bombenhagel. Keine Flüchtlingsexistenz in Bayern, kein uneheliches Kind und keine Männer, die Frauen verlassen. Es gäbe dort keine Geldnot, keine unerfüllten Wünsche, keine Eifersucht in der Familie und kein Pankreaskarzinom. Keinen Tod.

Wenn jemand, dem man nahe ist, auf eine Reise geht, gibt man ihm etwas mit. Ein Päckchen mit Proviant etwa, ein hübsches Buch, etwas Süßes. Vielleicht nur aus der Angst heraus, von dem Reisenden sofort vergessen zu werden, wenn beide aufgehört haben, einander zu winken. Man ist dann, hofft man, immerhin noch anwesend in dem Leben, das sich in Windeseile von einem entfernt. In Form eines Buches, einer Tafel Schokolade.

„Ich werde dir etwas vorsingen“, sagte ich.

Mein Repertoire war begrenzt, ich kannte vor allem die Songs von Bob Dylan und Joni Mitchell, und die würden ihr nichts sagen. Die Wanderlieder aus meiner Kindheit, die wir zweistimmig an den Sommertagen auf dem Weg ins Schwimmbad gesungen hatten, waren auch nicht recht geeignet. *(Wildgänse ziehen durch die Nacht/mit schrillem Schrei nach Norden.) Ich weiß nicht, was soll es bedeuten* erschien mir nicht passend, und *O du fröhliche* kam gar nicht in Frage.

„Ich singe für dich *Schlafe, mein Prinzchen*“, sagte ich.

Das Fenster stand offen, die Vögel jubelten. Auf dem Gang wurden scheppernd Essenswagen vorübergerollt. *Wer ist beglückter als du, nichts als Vergnügen und Ruh.* Irgendwo hinter den Bäumen jaulte die Sirene eines Krankenwagens. *Spielwerk und Zucker vollauf, und auch Karossen im Lauf, alles besorgt und bereit.* Spielwerk und Zucker, das hätte sie gebraucht, dachte ich. Diese Halbwaise, die nirgendwo zu Hause war. *Dass nur mein Prinzchen nicht schreit.* Man hätte ihr, die nie schlafen konnte, ein Wiegenlied singen müssen. Wenigstens ich, dachte ich, hätte ihr ein Wiegenlied singen müssen. Und wusste nicht, ob die Tatsache, dass mir selbst keins gesungen worden war, als Entschuldigung durchging.

Ich verstummte. Die Infusionen blubberten durch die Schläuche, über den Monitor liefen leichte Wellen, wie am Abend, wenn das Meer sich zurückzieht nach draußen und der Strand ganz weit und leer wird. Dann war auf einmal ein Licht da, und ich wandte den Kopf, um zu schauen, warum die Sonne in das Nordzimmer schien. Keine Sonne. Ich schaute auf den Monitor. Keine Wellen mehr.

Und alles voll Licht. Das ganze Zimmer voll Licht.

Viele Jahre nach diesem Tag fiel mir „Das tibetische Buch vom Leben und vom Sterben“ von Sogyal Rinpoche in die Hände. Ich las von den „überragenden Praktizierenden“, diesen vorbildlichen Yogis und Yoginis, die ihr Leben der uralten, aufs Feinste ausgearbeiteten Praxis des Dzogchen weihen, um im Augenblick des Todes die „letztendliche Befreiung“ zu erfahren. Sie werden mit seit Jahrtausenden bewährten Ritualen am Sterbebett begleitet, denn die Atmosphäre im Augenblick des Übergangs in den Tod muss eine harmonische sein. Und um zu verhindern, dass sie kurz vor der Befreiung nicht doch noch das Reine Land verfehlen und durch eine Spur des Anhaftens im Geist noch einmal in diese Welt zurückkommen, also wiedergeboren werden müssen, spricht der Begleiter im entscheidenden Moment die Worte: „O Ehrwürdige! Die Grund-Lichtheit wird nun offenbar. Erkenne sie, und ruhe in der Essenz deiner Praxis.“

Ach, so ist das. Ich legte das Buch zurück ins Regal.

Meine Mutter war keine Yogini. Was im Himalaya praktiziert wurde, interessierte sie nicht, sie hatte genug mit sich selbst zu tun. Ihr Leben war geprägt von Verlust. Mit Gott wollte sie nichts zu tun haben („Er hat ja nie was für mich getan“), und die Kirche betrat sie nicht mehr, seit der evangelische Stadtpfarrer sich geweigert hatte, den Vater ihres unehelichen Kindes in den Taufschein aufzunehmen („Die Kirche unterstützt keine sündigen Beziehungen"). Meine Mutter hat keine Minute ihres Lebens mit Gebet oder Meditation verbracht. Kein hochgebildeter Lama hat an ihrem Bett die wichtige Phowa-Zeremonie durchgeführt, es gab nur den kümmerlichen Sopran ihrer Tochter und ein Kinderlied.

Und ein Zimmer voll Licht.

Als der Gyalwa Karmapa, einer der hohen Würdenträger des tibetischen Buddhismus, 1981 in Chicago starb, schrieb einer seiner Schüler: „Für alle Anwesenden war sein Tod eine unvergessliche Inspiration." Was er nicht erwähnte, war die überwältigende Freude derer, die in diesem Moment anwesend sein durften. Eine Freude, die das Leben verändert.

Natürlich ist das alles nur meine eigene Erfahrung. Und manchmal, bevorzugt an langen Winterabenden, wenn der Sturm ums Haus fegt, frage ich mich, wie das eigentlich für meine Mutter gewesen ist. Es war doch da, sie muss es doch auch … Ganz bestimmt wird sie …

… es doch auch so erlebt haben?

Ich werde es nie wissen.

Ich erzähle hier nur, was ich gesehen und erfahren habe. Ich leite keinerlei Theorie daraus ab, habe keine Überzeugung daraus gewonnen, das Ereignis weder in buddhistischen noch christlichen Begriffen zu erklären versucht. Ein Christ hätte vielleicht gesagt, er sei Gott begegnet; ein Buddhist hätte vielleicht einen Blick ins Nirwana getan. Ein Christ wäre getröstet, weil der geliebte Gestorbene ins Ewige Leben eingegangen ist; ein Buddhist wäre getröstet, weil der Geliebte irgendwann wiedergeboren wird – oder vielleicht den Zwang zur Wiedergeburt für immer beenden konnte. Ich habe Respekt für jede dieser Überzeugungen, ich möchte sie nur nicht teilen. Ich habe nichts als mein bescheidenes Werkzeug der Achtsamkeit und meine Sprache, und beide sind hoffentlich fein und genau genug, um das, was man nicht beweisen kann, wahrzunehmen und mitzuteilen. Nicht als Erklärung, sondern als verdichtete Erfahrung.

Die Versehrten und die Unversehrten

Das Pfarramt war ein nüchternes Haus. Im Flur stieg ich über Plastikspielzeug und einzelne Exemplare kleiner Schuhe, vom Hauspantoffel bis zum Bergschuh. Am Ende des Flurs stand eine Tür offen, und als ich über einen winzigen Gummistiefel stolperte, erhob sich, als habe mein Fuß eine Sirene ausgelöst, ein Kindergeheul. Eine Frau rief: „Hör sofort auf mit dem Theater!" Der Pfarrer schloss hastig die Tür.

„Wir haben Kinder", sagte er.

„Sie brauchen sich für Ihre Kinder nicht zu entschuldigen", sagte ich.

Vielleicht hielt er die Anwesenheit von Kindern bei einem Beerdigungsgespräch für unpassend, und ich fragte mich, ob für einen Pfarrer Leben und Tod nicht zusammengehören sollten, das eine nicht denkbar ohne das andere, und beide von gleichem Wert. Ein unablässiger Strom von Energie durch die Zeit, ein Weiterfließen, das nur für ungeübte Augen wie Kommen und Gehen aussieht. An der Wand des Flurs hingen Kleiderhaken aus Holz, und jeder Haken trug einen Namen. Die Milchglasscheibe an der Tür dickte das Märzlicht zu einer trüben Masse ein, und plötzlich erfüllten die bunten Jäckchen und Mäntelchen mich mit einer schmerzhaften Zärtlichkeit. Sie gehörten den Menschen, die gerade begonnen hatten, vom großen Fließen durchs Leben getragen zu werden, aus dem meine Mutter endgültig ausgeschwemmt worden war. Der kleine Dufflecoat mit Kaninchenkragen, der blaurote Anorak und die winzigen Gummistiefel mit Gänseblümchenmuster versicherten mir, dass nichts zu Ende war, nur weil ein Mensch, den ich gut gekannt hatte, nicht mehr sichtbar war.

Meine Kultur hat für solche Momente keine Gesten ausgebildet, also legte ich in meiner Verlegenheit dem Pfarrer die Hand auf den Arm.

„Fühlen Sie sich nicht wohl?“, fragte er beunruhigt. „Soll ich Ihnen ein Glas Wasser holen?“

Ich hätte ihm gern erzählt, dass ich seit zwei Tagen Weltverknüpfungen wahrnahm, wo ich früher nur die lose baumelnden Enden von Einzeldingen gesehen hatte. Die Krankenschwester im Klinikgarten zum Beispiel, ein weißer Webfaden, der durch das beginnende Grün geschossen war und alles zu einem Muster verwoben hatte, einem Frühlingsbild. Bevor sie um die Ecke bog, hob sie den Kopf und lächelte, und ihr Lächeln fädelte sich ein in die silbernen Nadeln der Birken und holte auch die Vogelrufe ins Bild. Ich sah mit Verwunderung und ohne jeden Zweifel: Du kannst nicht lächeln, ohne die Landschaft zu verändern.

„In meinem Büro sind wir ungestört“, sagte der Pfarrer.

„Ich bin absolut unstörbar“, sagte ich lachend.

Er sah mich irritiert an, bei seinen Gesprächen über Beerdigungen war vermutlich noch nie gelacht worden. Was mich eher wunderte, denn als Pfarrer glaubte er doch hoffentlich an die Heimkehr der Toten zum Vater. Ein freudiges Ereignis also, das es da zu feiern gab, warum traute er sich dann nicht, mich anzulächeln? Es hätte die ganze Landschaft verändert.

Sein Arbeitszimmer war vollgestellt mit schweren dunklen Möbeln, vielleicht hatte er sie vom Vorgänger geerbt und sein Budget erlaubte keine Neuanschaffungen. Ich fragte mich, wie viel Kraft er aufwenden musste, um zwischen diesen Möbeln die Frohe Botschaft zu verkünden. Hinter seinem Schreibtisch gewann er an Würde. Er war ein paar Jahre jünger als ich und hatte etwas Unversehrtes, eine Gestalt ohne Risse, und ich fragte mich, ob ein Unversehrter ein guter Pfarrer sein konnte. Er suchte in irgendwelchen Papieren nach seinem verstorbenen Gemeindemitglied, meiner Mutter, und fand es nicht.

„Wahrscheinlich bin ich Ihrer Mutter schon mal begegnet", murmelte er.

„Das glaube ich nicht", sagte ich.

Er würde sich an die Begegnung mit meiner Mutter erinnert haben, hätte sie stattgefunden. Eine kleine alte Frau, die ihm mit einem Blick klargemacht hätte, dass seine schönen Worte mit ihrem Leben nichts zu tun hatten. Dass sie geradezu eine Beleidigung waren für jemanden, der aus dem brennenden Frankfurt an der Oder geflohen war mit nichts als einem Köfferchen, in dem sich neben etwas Unterwäsche und zwei Kleidern ein paar Schwarzweißfotos mit gezacktem Rand befanden und Papiere, in denen der Besitz einer Wohnung und der Abschluss einer Lebensversicherung bezeugt waren. Irgendwo auf der Landstraße zwischen Frankfurt an der Oder und Bayern verloren die Papiere für immer ihre Gültigkeit, aber das wusste die fliehende Frau noch nicht.

Resigniert klappte er die Mappe zu und bat mich, ihm zu erzählen, wen er da drei Tage später beerdigen sollte. Was für ein Beruf, dachte ich. Wie mühsam.

„Sie fühlte sich in dieser Welt nicht zu Hause", sagte ich.

„Wie meinen Sie das?", fragte er.

„Ich meine, dass sie den Krieg in sich trug", sagte ich.

Er runzelte die Stirn. „Der ist aber schon lange vorbei."

Er hatte den etwas verwaschenen Tonfall der Gegend, wahrscheinlich war er in der Nähe geboren. Eine Gegend, die so abgeschieden war, dass es sich nicht gelohnt hatte, Bomben auf sie zu werfen. Ich stellte ihn mir auf dem Hof seiner Eltern vor, ein Landkind, das mit Hühnern, Schweinen und Hunden aufwächst. Im Keller das Eingeweckte, auch in kärgster Zeit Eier und Gepökeltes. Er hatte keine Mutter gehabt, die in jedem Donnergrollen das Bombengeschwader nahen hörte, und er wusste nicht, wie Erbswurstsuppe schmeckt. Er sprach nicht das verdächtige Hochdeutsch der Flüchtlingskinder; er saß am Sonntag an einem verwandtenreichen Mittagstisch, und alle sprachen seine Sprache, die weiche, ein wenig verwaschene. Er hatte ein *Elternhaus*. Er gehörte dazu.

Ich begann, so etwas wie Zuneigung zu ihm zu fassen. Er wusste so wenig. Für seine Unversehrtheit konnte er nichts. Es gab viele solcher vom Krieg verschonter Menschen, wofür man dankbar sein musste.

Irgendjemandem aber musste ich es erzählen, und ich hatte keinen anderen als ihn. Andererseits: Wer wäre geeigneter, eine solch ungewöhnliche Mitteilung zu empfangen, als jemand, der von Berufs wegen religiös ist? Ich muss es ihm mit seinen Begriffen sagen, dachte ich, sonst versteht er nicht. Ich beugte mich über den Schreibtisch.

„Darf ich Ihnen eine Frage stellen? Können Sie mir sagen, ob man die Gnade Gottes sehen kann?"

Er hob blitzschnell den Kopf, als habe er eine Alarmklingel gehört. Sein Blick bekam etwas Wachsames. Vielleicht hielt er mich in dem Moment für eine Person, die in abgedunkelten Hinterzimmern Séancen beiwohnt und auf Tische geklopfte Botschaften ihrer Toten empfängt.

„Als Licht, zum Beispiel?", fragte ich.

„Nun", sagte er gedehnt, „die Gnade Gottes äußert sich auf vielerlei Weise, konkret sichtbar aber ist sie nicht." Er räusperte sich. „Wir haben übrigens in unserer Gemeinde eine gute Selbsthilfegruppe für Trauernde. Sie sind herzlich dazu eingeladen."

Vor dem Fenster hing ein feiner Regen wie ein Vorhang, an der Kirche nebenan schlug die Turmuhr. In dieser Kirche war ich Jahrzehnte zuvor konfirmiert worden. Aus diesem Anlass hatte jede von uns Mädchen aus der Hand der Religionslehrerin eine Bibel bekommen. Die alte klassische Lutherbibel mit Frakturschrift, nicht die später vorgenommene flache Einheitsübersetzung, die ängstlich bemüht ist, der Bibel jede Provokation zu nehmen. Meine Bibel *ist* eine Provokation. Ich las sie atemlos, das beste Geschichtenbuch, das ich je hatte. Besonders gefiel mir das Gleichnis Jesu, in dem er sagt, man zünde nicht ein Licht an und stülpe dann ein Gefäß darüber, sondern man stecke es in einen Leuchter, damit es das ganze Haus erleuchte.

Das Licht.

Wir besprachen dann ruhig und vernünftig alles Notwendige, und zwei Tage später in der Friedhofskapelle machte er seine Sache wirklich gut. Mit ruhiger geschulter Stimme sprach er die alten Formeln, die uns einbinden in den großen Zusammenhang, und sie passten auf eine mich erstaunende Weise zu dem, was in den letzten Tagen geschehen war. Nur den Trost, der anscheinend damit verbunden sein sollte, brauchte ich nicht. Ich wusste, ich würde nie wieder nach irgendeinem Trost verlangen.

Es war ein kühler, windiger Tag. Ich stand auf den Stufen der Kapelle und sah der schwarzen Limousine nach, die den Sarg zum Krematorium brachte. In meinem Rücken spürte ich etwas Kühles, oder eher: eine kühle Leere. Ich drehte mich um. Keine Tür stand offen, nichts Ungewöhnliches war zu sehen. Es fehlte nur die unsichtbare, aber immer gefühlte Anwesenheit des Menschen, der mich am längsten gekannt hatte. Ich war allein.

Unwiderruflich erwachsen.

Was ist *ich*?

Die tiefste Frage des Zen zu beantworten erschien mir nach ihrem Tod besonders dringlich: Wer bin ich?

Das Zen stellt diese Frage eher rhetorisch; die Antwort kann nicht mit Worten gegeben werden, sie wird vielmehr gegeben mit dem eigenen, sichtbar verwandelten Sein. Eine Zen-Schülerin denkt nicht analytisch darüber nach, sie setzt sich vielmehr auf ihr Kissen, faltet die Beine in die Sitzposition, legt die halb geschlossenen Augen einen halben Meter vor sich auf den Boden und atmet gleichmäßig ein und aus. Die Gefühle beruhigen sich allmählich, die Gedanken jagen nicht mehr durch den Geist, sondern ziehen gemächlich durch ihn hindurch, der Atem wird tiefer, die Frage verblasst und ist weg. Und dann kann es geschehen, dass in dem weiten leeren Raum, der durch die Konzentration auf den Atem entstanden ist, eine Antwort auftaucht. Sie hat keine Gestalt, keine Farbe, keine Form, und sobald sie in Worte gefasst werden soll, verschwindet sie. Vielleicht könnte man sie mit einem Duft vergleichen, der uns unvermittelt anweht und den wir tief einatmen, ohne zu wissen, was wir da riechen.

In den Jahren nach ihrem Tod tauchte meine Mutter immer wieder auf. Sie stand neben mir, wenn ich meinen Kleiderschrank öffnete, und sagte: Die Bluse passt nicht zu dem Rock. Ich konnte auf einmal kein Buch mehr störungsfrei zu Ende lesen und schreckte immer wieder hoch wie in meiner Kindheit, als meine Mutter mich, sobald ich ein Buch in der Hand hielt, mit Aufträgen überhäufte, weil sie sich von dem in seine Lektüre vertieften Kind verraten und verlassen fühlte. Ich begann wieder zur stricken und zu nähen, weil sie das so geliebt hatte. Wenn ich in den Spiegel schaute, blickten ihre Augen zurück.

Wer bin ich, wenn ich die Spuren dieses und vieler anderer Menschen in mir finde?

Als der Duft mich zum ersten Mal anwehte, war ich ungefähr zehn und wusste noch nichts von Zen. Ich weiß nicht einmal mehr, wann und wo es war. Vermutlich ging ich gerade meiner Lieblingsbeschäftigung nach: Ich stand irgendwo am Straßenrand und beobachtete das Leben der anderen. Ich sah, wie jeder Mensch seinen ganz eigenen Gang hatte, wie er sich kleidete und auf eine ganz persönliche Weise mit anderen kommunizierte, auch wenn diese anderen das nicht bemerkten. Ich spürte die unsichtbaren Fäden, die von einem zum anderen liefen, von Blicken geknüpfte Fäden, von Gesten befestigt. Ich beobachtete die Hunde und bemerkte den einen, der gleich zu bellen beginnen würde, hörte den Klang der Straße, roch die Stadt, sah Blumen, Vögel und Bäume. Völlig dem Augenblick und den sinnlichen Eindrücken hingegeben, und auf einmal wusste ich mit der nüchternen Klarheit meiner zehn Jahre: Mich gibt es gar nicht.

Es war eine ganz beiläufige Erkenntnis. Sie erschreckte mich weder noch verwunderte sie mich. Mir war absolut klar, dass all das, was ich hier sah, hörte und roch, jetzt, in diesem Moment an dieser Straßenecke, nichts von mir Getrenntes war, das außerhalb existierte. Es war, durch mein Sehen, Hören und Riechen, in mir. Und außer meinem Sehen, Hören und Riechen und dem Gesehenen, Gehörten und Gerochenen fand ich in mir nichts.

Als ich Jahrzehnte später den Buddhismus studierte, begegnete mir die Lehre von *Anatta*, dem Nicht-Ich. Nach Buddha gibt es kein Selbst, das unabhängig existiert. Der Mensch besteht aus den *Fünf Skandhas*, was mit Fünf Aggregate übersetzt wird: Form, Gefühle, Wahrnehmungen, geistige Prägungen und Bewusstsein. Diese fünf sind in ständiger Veränderung begriffen und miteinander vernetzt, und alles, was von außen und innen auf uns einwirkt, verändert sie weiter. Diese *Fünf Skandhas* sind dem Buddhismus zufolge das, was wir Selbst nennen, und dahinter gibt es für den Buddhismus keine Entität oder Seele, die das Ganze zusammenhält.

Was also ist *ich*?

Ein sich unablässig verändernder Prozess, in dem jede meiner Wahrnehmungen den Körper beeinflusst und Gedanken und Gefühle auslöst, die mein Denken prägen, das wiederum meine Wahrnehmungen färbt und neue Gedanken und Gefühle auslöst?

Dann wäre meine Mutter nie gestorben. Sie würde weiterleben im Strömen des Prozesses, den ich „Ich“ nenne. Immer aufs Neue verwandelt und deshalb unsterblich.

Aber auch diese Anschauung ist nur ein Konzept.

Was bleibt, ist die leuchtende Stille.

Glücksmoment

Ein neues, von keiner Zeile besudeltes Moleskine-Notizbuch aufgeschlagen und langsam die Spitze des Bleistifts auf die erste Seite gesetzt.

APRIL

Brunnen

Steinrund
gefüllt mit Leere

unten
tief unten der Glanz

Beim Sitzen abends seit Tagen der prallgefüllte Kopf. Nicht gefüllt mit Gedanken, Erinnerungen, Plänen. Eher mit etwas Organischem, Flüssigem. Oder etwas, das fließen sollte und stockt. Tränen? Vielleicht Tränen.

Aber immer wieder das Zurückkehren zum Atem. Nichts weiter als dies. Einatmen, ausatmen.

Der unsichtbare Grund der Sympathie

Wenn einer zurückkehrt aus einem leuchtenden Moment der Erfahrung und wieder eintritt in die Welt der Polaritäten und Bedingtheiten – was tut er dann? Schweigt er? Singt er? Tanzt er? Sucht er nach Worten, sich zu erklären? Schlüpft er hinein in die bereits vorhandenen Begriffe – aus Not, er findet keine anderen – und versucht, sie mit neuem, selbst erlebtem Inhalt zu füllen? Sagt er also, er habe „Gott" erfahren, die „Leerheit", den „Großen Geist", die „Absolute Dimension"?

Die Taoisten sprechen vom „unsichtbaren Grund der Sympathie".

Kein Raum, keine Person, kein Zustand, keine Wesenheit. Etwas, das man nicht fassen, nicht greifen kann, das keine eigenständige Existenz hat, aber dennoch eine Wirkung. Sympathie: die Anziehung und das sich Verbinden einzelner Teile zu einem Ganzen. Die Zuneigung. Das Wohlgefallen.

Das will ich nicht vergessen: Der Grund meines Lebens ist die Sympathie.

Irgendwann in den 2000er Jahren in Plum Village, dem Zentrum von Thich Nhât Hanh in Südfrankreich. Der Wirbel war in der Osterwoche noch größer als sonst. Jemand hatte den jungen asiatischen Nonnen erzählt, Ostern werde im Westen mit gefärbten Eiern gefeiert, und so färbten und bemalten sie unter Gelächter und Gekicher Hunderte Eier, und jeder, der den Kopf in den Speisesaal steckte, wurde energisch zum Mitmachen aufgefordert. Ich wollte keine Eier färben, ein paar Freunde von mir ebenfalls nicht, und so fuhren wir, obwohl das eigentlich nicht erlaubt war, nach Bergerac. Die anderen gingen einkaufen, ich streifte ziellos durch die Gassen. Es war laut, die Autos stanken, Menschen mit prall gefüllten Tüten drängten sich in die Geschäfte, um weitere Tüten zu füllen. In allen Schaufenstern: Eier.

Da wehte eine Musik heran. Eine zarte, schwebende, etwas Gregorianisches. Ich nahm ihre Witterung auf; sie kam aus einem kleinen offenstehenden Portal, das eingezwängt zwischen einem Restaurant und einem Schuhgeschäft lag. Als ich eintrat, sah ich, es war eine winzige Kirche. Sie war leer. Vom Band kam der schwebende Gesang dreier Frauenstimmen in Endlosschleife, auf dem Altar brannten Kerzen. Ich setzte mich in eine Kirchenbank. Um mich die Kühle jahrhundertealter Mauern. Kerzenerhelltes Dämmerlicht. Und etwas, das ich seit Wochen vermisst hatte, ohne es zu bemerken: unerbittlicher Ernst. Oder Tiefe von der Art, die am Grund eines Brunnens zu finden ist, dort, wo in Stille und Dunkelheit die Quelle entspringt.

Hier bin ich zu Hause, dachte ich mit einer Verwunderung, die fast Bestürzung war.

Und dann fiel mir ein, dass Karfreitag war. Wie hatte ich Karfreitag vergessen können. Ohne ihn, den konkreten und den symbolischen, kann ich mein Jahr nicht bestehen. Denn die Auferstehung, das ganz Neue, Unbelastete und Freie, kann sich nur ereignen, wenn vorher gestorben wurde.

Es war Nachmittag, drei Uhr. In einer winzigen südfranzösischen Kirche begleitete ich Jesus zwei Stunden lang, Zazen sitzend auf einer harten hölzernen Bank.

Zen im Westen

„Zen. Die europäische Zeitschrift für Theorie und Praxis“ fragt an, ob ich einen Artikel zum Thema „Zen im Westen“ schreiben möchte. Wie das Zen hierhergekommen sei, seine Verbreitung, die Veränderungen, die es hier erfahren habe, und vor allem: Ob wir im Westen das Zen überhaupt verstehen könnten? Oder ob wir nicht im Gegenteil ein „westliches Zen“ bräuchten, das auf unsere Kultur und Denkweise zugeschnitten sei?

Es ist ein warmer Tag, ich habe meinen Sessel auf den Balkon gestellt. Der Himmel ist makellos, von diesem transparenten, nahezu farblosen Blau, das manche ganz dünnen Sektgläser haben; solche, die man gar nicht benutzen möchte, weil sie im nächsten Moment zerbrechen könnten. Der Kater des Nachbarn ist wieder da; er liegt auf den warmen Fliesen, zu voller Länge ausgestreckt. Hoch oben im Blau kreist einer der Störche, die seit Jahren in meinem Dorf überwintern. Von der Kirche herüber kommt das Mittagsläuten.

Ich habe das Zen nie verstanden.

In den alten Erzählungen gibt es so schöne Antworten auf die unvermeidliche Frage jedes Zen-Novizen, was das Zen denn sei. Da sagt Meister Joshu: „Hast du schon gefrühstückt?“ „Ja“, sagt der Mönch. „Dann geh und wasch deine Reisschale.“ Eine Meisterin geht gerade mit einem Besucher durch den Garten, als dieser dieselbe Frage stellt. Die Meisterin bleibt stehen und flüstert: „Riechst du, wie wundervoll der Flieder duftet?“ In den alten Erzählungen erfährt der Frager hier auf der Stelle Erleuchtung.

Ich möchte im Moment lieber darüber nachdenken, was ich zu Mittag essen will. Die Vögel schmettern, der Kater seufzt leise im Schlaf, irgendwo fährt mit heulender Sirene ein Krankenwagen. Gegenüber deckt die Nachbarin den Mittagstisch zum ersten Mal in diesem Jahr im Garten.

Es geht gar nicht darum, das Zen zu *verstehen*. Es muss gelebt werden. Das Zen ist hier, in diesem Augenblick. Im Klappern des Geschirrs, im Schnarchen des Katers, im Jaulen der Sirene. Wasch deine Reisschale! Steck deine Nase in den Flieder! Deck den Tisch für das Mittagessen! Sei völlig präsent in dem, was du gerade tust. Und wenn es dir beschieden ist, wenn dein Schicksal oder dein Karma oder wie du es nennen willst es dir ermöglichen, dann wirst du, sagen die alten Schriften, im Bruchteil einer Sekunde eine Erfahrung machen, die alles übersteigt, was du dir je vorstellen konntest. Und im selben Moment – vielleicht – das Zen verstehen. Falls dir das Verstehen dann noch wichtig ist.

Ich werde der Redaktion absagen, das Thema ist zu wenig relevant.

Aber was, wenn jemand glaubt, das Zen verstanden zu haben? Und in seinem Verständnis fehlt nur eine Winzigkeit, das wichtigste Detail, das diese Person vielleicht auf eine lebenslange geistige Reise geschickt und, wer weiß, irgendwann für immer verwandelt hätte?

Meine erste Begegnung mit dem Zen hatte ich mit achtzehn Jahren, als mir eine Freundin das Buch von Eugen Herrigel „Zen in der Kunst des Bogenschießens“ schenkte. Meine Freundin – sie war neunzehn Jahre älter als ich, und wir beiden siezten einander bis zu ihrem Tod – hatte sich auf hohem philosophischen Niveau eingehend mit dem Zen beschäftigt und sprach mit Empörung über Leute, die sich im Westen in irgendeinem Seminar auf ein Kissen setzten, um zu meditieren. In Japan, erklärte mir Marianne, würden Mönche, die um Aufnahme in ein Zen-Kloster bitten, vom Abt erst einmal abgewiesen. Und nur, wer tage- und wochenlang vor dem Klostertor ausharrte, würde die unbeugsame Entschlossenheit beweisen, die man brauche, um diese strenge und höchste Meditationspraxis durchzuhalten.

Ich war beeindruckt und verstand, warum Marianne es zeit ihres Lebens ablehnte, sich auf ein Kissen zu setzen und Zazen zu praktizieren: Die Schulung in einem Kloster in Japan war ihr zeitlich und finanziell nicht möglich, und die Sesshin, die bereits damals im Westen von authentischen Meistern angeboten wurden, hätten ihrem Anspruch nie genügt. Sie war so streng und kompromisslos, dass ich es jahrelang nicht wagte, mich praktisch mit dem Zen zu befassen. Und als ich es dann doch tat und das erste Mal in einem schlichten Yogaraum in München bei dem japanischen Mönch Kokugyo Kuwahara auf dem Kissen saß, schämte ich mich fast ein bisschen: War ich nicht dabei, Mariannes hohen Anspruch zu verraten und das Zen auf westliche Weise zu verwässern?

Nachdem ich viele Jahre praktiziert hatte, begegneten mir immer häufiger Menschen, die mit der Art, wie das Zen vermittelt wurde, nicht einverstanden waren. Dem einen war es zu formal strukturiert, dem anderen zu streng. Sie wollten nicht so lange sitzen, sie wollten das Schweigen lockern oder ganz aufheben, und vor allem fanden sie den Sprachgebrauch der Lehrer nicht überzeugend. In den Gesprächen zwischen Praktizierenden, aber auch in Fachzeitschriften tauchte immer häufiger der Begriff „westliches Zen“ auf. Angemahnt wurde ein Zen, das befreit ist vom Ballast überlieferter asiatischer und monastischer Strukturen, die sich für uns im Westen nicht bewähren.

Zen-Meister Hongzhi Zhengjue, der im elften Jahrhundert lebte, ermunterte seine Schüler mit wundervollen Sätzen: „Erlaube keinem einzigen Haar, dich zu binden, keinem einzigen Faden, dich zu verdunkeln. Sei zutiefst leer und hell, rein und rund und herrlich.“ Das ist authentisches Zen: Es führt zur Erfahrung grenzenloser innerer Freiheit und enthüllt das Strahlen, das jedem von uns von Anbeginn an innewohnt. Können wir westlichen Zen-Schüler dies wirklich verstehen, gar erreichen? Wir sind in zahllose Verpflichtungen eingebunden, hundertmal stärker als mit *einem Haar*. Muss man nicht wirklich wochenlang vor einem japanischen Klostertor ausgeharrt haben, um die Entschlossenheit zu langer strenger Praxis aufzubringen? Und nur mit Hilfe dieser Praxis wäre die innere Leerheit und Reinheit zu realisieren?

Dafür müssten wir aber erst einmal wissen, was Zen überhaupt ist. Sind Zen die Rituale, die Roben, ist es die Praxis des Sitzens – oder das, was mit Hilfe des Sitzens erfahren werden kann?

Meine Nachbarin trägt Töpfe und Schüsseln auf, der Kater hebt lauschend den Kopf, und ich setze mich an den Schreibtisch und schalte den Computer ein. Das Thema *ist* relevant.

Ein Abend in San Francisco im Jahr 1905. Durch den Golden Gate Park gehen zwei Japaner. Der eine sagt zu seinem Begleiter: „Jetzt schau dieser Stadt ins Gesicht und sieh zu, ob sie dich erobert oder ob du sie eroberst." Der Mann, der dies sagt, ist Shaku Soen, Abt des Klosters Engaku-ji in Kamakura. Der andere ist sein Schüler Nyogen Senzaki, der vor dem japanischen Nationalismus die Flucht ergriffen hat.

Nyogen Senzaki ist ein begabter Zen-Schüler, aber ein ungehorsamer Mönch. Er kann sich nicht einfügen in Institutionen, und was in den japanischen Klöstern praktiziert wird, nennt er abfällig „Kirchen-Zen". Das Engaku-ji hat er bereits fünf Jahre zuvor verlassen, um, angeregt von den Büchern des deutschen Reformpädagogen Friedrich Fröbel, einen Kindergarten zu gründen. Amerika erscheint dem jungen Mönch vielversprechend. Jeder spricht von Freiheit, und das Recht auf das Streben nach Glück, „the pursuit of happiness", ist sogar in der Unabhängigkeitserklärung verankert. Hier will er sein Zen frei und unbehindert von erstarrten Strukturen leben. Ein Zen, das wieder den wahren Geist offener Weite atmet, den die frühen Patriarchen vermittelt haben.

Rebellische Geister wie er sind in keinem Kloster der Welt gern gesehen. Sein Blick ist scharf, die Fragen, die er stellt, sind unbequem: Lebt in dem Zen, das in den japanischen Klöstern gelehrt wird, überhaupt noch der Geist des Buddha? Immer häufiger wird der Titel des Meisters vererbt vom Vater an den Sohn. Wie viele der jungen Novizen haben noch das brennende Interesse, die Wahrheit zu finden? Nyogen Senzaki interessiert sich nicht für Titel und Positionen und nicht für Religion. Ihn beseelt vielmehr der Geist des Buddha, der einst ausgezogen war, das Leiden der Menschen zu beenden. „Buddhismus unterstützt die Unabhängigkeit des Denkens", schreibt Nyogen. „Das vom Buddha formulierte System erklärte die Kausalkette der Dinge und gab neue und überraschende Antwort auf das Rätsel von Leben und Tod. Das Leben ist nicht länger ein verblüffendes Geheimnis, sondern wird zu einem wunderbaren Geschenk, dem jeder Mensch für sich selbst nach seinem Willen Gestalt verleihen kann."

Nyogen Senzaki sieht keine Notwendigkeit, in seinen Texten streng zwischen Buddhismus und Zen zu unterscheiden. Er, der in einer buddhistischen Kultur aufgewachsene Japaner, weiß einfach, dass Zen, wie Daisetz Teitaro Suzuki, der große Vermittler des Zen und Brückenbauer zwischen Japan und dem Westen, schreibt, „den Anspruch erhebt, die Quintessenz und den Geist des Buddhismus unmittelbar von seinem Begründer übernommen zu haben, und zwar nicht durch irgendeine Geheimschrift oder über einen Mysterienkult. Diese Schule ist eine der bedeutendsten Erscheinungen des Buddhismus, nicht nur bezüglich der geschichtlichen Wirksamkeit und der geistigen Lebendigkeit, sondern auch im Hinblick auf ihre höchst originelle und anfeuernde Art der Lehre. Die *Lehre vom Herzen Buddhas*, *buddhahridaya*, ist ihr schulmäßiger Name, aber gewöhnlich wird sie als *Zen* bezeichnet."

Man kann sie leicht überlesen, die schlichten Worte, die tatsächlich – zur Zeit des Buddha wie noch heute – eine Revolution ankündigen: Zen hat „die Quintessenz und den Geist des Buddhismus unmittelbar von seinem Gründer übernommen“.

Als sich vor 2600 Jahren der indische Prinz Siddhartha aufmacht, das Leiden der Menschen zu beenden, sucht er zuerst alle bedeutenden Lehrer des Landes auf und bittet sie um Unterweisung. Er hört kluge Worte und wird in Ritualen unterwiesen, aber was er sucht, findet er nicht. Vielleicht, denkt er, könnte mich eine strenge Askese der Wahrheit näherbringen, und so fastet er, bis er zusammenbricht. Eine junge Ziegenhirtin findet ihn und flößt ihm die rettende Milch ein. Er hat zwei wichtige Erfahrungen gemacht: Von anderen darf er weder Rat noch Antwort erwarten, und für seine Suche braucht er einen gesunden, gut genährten Körper. Als er sich wieder erholt hat, setzt er sich unter einen Pippala-Baum und versenkt sich so lange in Meditation, bis er die Wahrheit findet.

Der junge Siddhartha hat kein Interesse daran, eine Religion zu gründen. Nicht einmal eine Lehre will er ausarbeiten; vielleicht ahnt er, dass seine Erfahrung eine Tiefe und Unbedingtheit hat, die wenige werden nachvollziehen können. Aber er leuchtet. Er lächelt aus unergründlicher Tiefe heraus. Er sucht nichts mehr, er hat gefunden. Das macht ihn gelassen. Er ruht in sich, ob er geht, steht oder isst. Solch ein Leuchten lässt sich nicht verbergen, es zieht die Menschen von weither an. Und weil zu jeder authentischen Erleuchtungserfahrung das unbedingte Mitgefühl gehört, beginnt er eben doch zu lehren, um den Menschen den Weg aus ihrem Leiden zu weisen. Er wird es bis zu seinem Tod mit achtzig Jahren tun.

Wenn der Zen-Schüler also aufgefordert wird, im Geist des Buddha zu praktizieren, wird er niemals angewiesen, außerhalb seiner selbst nach Rat und Antwort suchen. Und ihm wird empfohlen, gut für sich zu sorgen, denn die Wahrheit im Sinne des Buddha kann nur hier und jetzt, mit diesem Körper in diesem Leben gefunden werden.

Nun wird vielleicht ein wenig klarer, dass es ganz schön mutig ist von Mönch Nyogen, mitten in einer amerikanischen City sein Zen leben zu wollen. Er beginnt, Englisch zu lernen, und nimmt jede Beschäftigung an, die ihm ein wenig Geld einbringt. Er ist Hausdiener, Koch, Liftboy, Verkäufer und Hotelmanager. Ein japanischer Mönch in Amerika, der statt einer Robe einen schäbigen Straßenanzug trägt und in billigen Zimmern an lauten Durchgangsstraßen lebt. Nichts könnte weiter entfernt sein von dem Pippala-Baum, unter dem einst der Buddha Erleuchtung erfahren haben soll – und dennoch praktiziert Mönch Nyogen in Amerika in jedem Augenblick sein Zen.

Sollte es da nicht auch uns gelingen, Zen zu praktizieren mitten in unserem Alltag in Berlin, Rotterdam oder Madrid?

Die grundlegende Praxis des Zen ist das Zazen. Das Sitzen aber ist nicht das Ziel, sondern ein Mittel, und deshalb pflegten die alten Zen-Meister ihren Schülern zu sagen: „Alles ist Sitzen!" Erst wenn dieselbe Kraft und Wachheit wie im Sitzen, dieselbe klare, aber gleichzeitig schwebend-gelöste Achtsamkeit alles, was sich gerade ereignet, jede einzelne Handlung begleitet, ist Zen in allem, was der Schüler tut. Deshalb ist auch das Gehen ein Sitzen, das Essen, das Fegen des Klosterhofes, das Läuten der Glocke, das Singen und Rezitieren der Sutras.

Wenn aber das Fegen des Klosterhofes Sitzen ist, dann können auch das Putzen der Fenster, das Backen eines Kuchens und das Stricken eines Pullovers Sitzen sein. Dann könnte die tiefste Wahrheit sich enthüllen, während wir unseren Tee trinken, mit der Katze spielen oder ein Telefongespräch führen. Hier liegt der Schlüssel für eine fruchtbare Praxis des Zen mitten im gelebten Leben. Ein Zen-Schüler führt jede Alltagshandlung mit voller Hingabe aus, ohne ins Träumen oder Sicherinnern zu fallen. Im Handeln selbst liegt der Sinn; im voll gelebten Augenblick, ungeachtet seines Inhalts, spricht sich das Leben aus: kraftvoll, lebendig und immer wieder neu.

Zahlreiche Mönche, Nonnen und Zen-Meister aus asiatischen Ländern kamen im zwanzigsten Jahrhundert in den Westen. In Amerika und Deutschland, in der Schweiz, den Niederlanden, in Italien, Frankreich und Osteuropa wurde die Botschaft des Zen begeistert aufgenommen. Dass die Begeisterung auf zahlreichen Missverständnissen beruhte, wussten die asiatischen Lehrer damals noch nicht. Auch Mönch Nyogen hat davon keine Ahnung, als er im Jahr 1922 eine Halle mietet, in der er einen Vortrag hält über „Die ersten Schritte in der Meditation“.

Nachdem er das einige Male gemacht hat, finden sich genügend Menschen, die von Mönch Nyogen die Zen-Übung lernen möchten. Einen Tempel hat er nicht, also eröffnet er das, was er den „freischwebenden Zendo" nennt: Er stellt ein Bild von Bodhisattva Manjushri auf, zündet ein Räucherstäbchen an und erklärt seinen Schülern die Achtsamkeit auf den Atem. Er spricht in einfachen Worten und erlaubt auch das Sitzen auf Stühlen. Nyogen Senzaki betont, dass Zen weder eine Religion ist noch eine Philosophie, sondern ein Übungsweg: „Zen ist etwas, das erfahren werden muss und nicht erklärt. Wissenschaftliche Erkenntnis wird erlangt und entwickelt durch logische Schlüsse; aber Zen basiert einzig auf Intuition und hat eine so umständliche Methode nicht nötig. Zen ist die Verwirklichung des selbstlosen Lebens.“

Das selbstlose Leben – wusste Nyogen Senzaki, welche Bedeutung dieser Ausdruck für einen Menschen hat, der im christlichen Kontext aufgewachsen ist? Ein Schüler des Zen ginge sehr in die Irre, würde er diesen Ausdruck als Aufruf zur tätigen Nächstenliebe interpretieren. Es geht nicht darum, das eigene Ich hintanzustellen – die Erkenntnis des Buddha besteht vielmehr darin, dass es ein eigenständiges Ich nicht gibt. Alles ist mit allem verbunden.

In den 1950er und 1960er Jahren werden sich in Amerika zahlreiche Musiker, Dichter und bildende Künstler auf das Zen berufen. In einem Land, das dem Individualismus einen hohen Stellenwert einräumt, wird diese faszinierend fremdartige Sache begeistert aufgenommen werden, beharrt das Zen doch auf Spontaneität und geistiger Unabhängigkeit. Zen aber ist, richtig verstanden, eine Herausforderung an unseren Eigenwillen: Wenn alles miteinander in Beziehung steht, hat jede Handlung, selbst jeder Gedanke, eine Wirkung auf das Ganze. Viele der damaligen Zen-Schüler übersahen, dass Zen keine Philosophie ist, aus der wir uns nach Belieben ein paar faszinierende Gedanken zu eigen machen können: Die Freiheit des Zen hat nichts zu tun mit Willkür. Das Zen ist auch keine magische Praktik und fordert uns nicht zum „positiven Denken" auf. Zen befähigt uns vielmehr dazu, das zu sehen, was *ist*, indem wir in diesem Augenblick voll und ganz anwesend sind, und authentisch darauf zu antworten.

Meister Tokusan hatte stets seinen Stock bei sich und pflegte zu sagen: „Wenn ihr ein Wort äußert, so will ich euch dreißig Schläge geben, und wenn ihr kein Wort äußert, ebenfalls dreißig Schläge auf euren Kopf." Daisetz Teitaro Suzuki bemerkte dazu: „Er führte keine Gespräche über Religion oder Moral, gab keine begrifflichen Erläuterungen, trieb keine haarspalterische Metaphysik. Das innere Auge öffnet sich unter einem Hagel von dreißig Schlägen. Die absolute Bejahung muss aus dem glühenden Krater des Lebens selbst aufsteigen."

Vielleicht ist das der Grund, warum das Zen im Westen auch jenseits der klassischen Klosterpraxis so nachhaltig Fuß fassen konnte. Sind nicht all die ausgeklügelten Methoden, welche die jungen Mönche zur Erleuchtung bringen sollen, im Grunde nur Simulationen dessen, was „der glühende Krater des Lebens selbst" dem mitten im Leben stehenden Menschen präsentiert? Sind der Tod eines nahen Menschen, der Verlust des Arbeitsplatzes oder eine schwere Krankheit nicht ebenso wirksam wie dreißig Stockschläge auf den Kopf? Vielleicht erklärt das auch, warum sich im Westen viele Frauen zum Zen hingezogen fühlen: Sie sind in sozialen Zusammenhängen seit jeher zuständig für einen heilsamen Umgang mit Schmerz und Verlust.

1942 wird Nyogen Senzaki mit dem „glühenden Krater des Lebens" konfrontiert: Im Zweiten Weltkrieg werden sämtliche japanische Staatsbürger in den USA interniert. Nyogen Senzaki und etliche seiner Schüler werden in ein Relocation Camp nach Wyoming gebracht. Dort sitzen sie stundenlang Zazen. Das jahrelange Zen-Training erweist sich für alle als hilfreich: Wenn sich der Geist in absoluter Bejahung trainiert hat, kann ein Camp in Wyoming zum Tempel werden. Nach drei Jahren kehrt Mönch Nyogen nach Los Angeles zurück. Er ist jetzt neunundsechzig Jahre alt und wird noch dreizehn Jahre leben. Einer seiner Schüler ist ein junger Mann namens Robert Aitken. Er wird nach einigen Jahren sein Zen-Studium in Japan fortsetzen und später als einer der ersten Amerikaner zurückkehren, die offiziell den Titel Roshi, Zen-Meister, erhalten haben. Mit Daisetz Teitaro Suzuki ist Nyogen Senzaki seit seiner Zeit im Engaku-ji befreundet. Suzuki wiederum schreibt ein Vorwort zu dem schmalen Band eines deutschen Philosophen, der in den zwanziger Jahren in Japan die Kunst des Bogenschießens erlernt hat: Eugen Herrigel. Ebenfalls in den fünfziger Jahren beginnt Karlfried Graf Dürckheim, aus der Kriegsgefangenschaft in Japan zurückgekehrt, Vorträge und Übungen zum Thema Zen in Deutschland zu halten. Das Zen ist endgültig im Westen angekommen.

Als Bodhidharma, der einst das Zen von Indien nach China brachte, von Kaiser Wu gefragt wurde, was Zen sei, breitete er die Arme aus und sagte: „Offene Weite – nichts Heiliges!" Und Honghzi Zhengjue fasst das Leben im Geist des Zen in zwei schlichten Sätzen zusammen: „Nimm an, was dir begegnet, und wandere dahin. Wandere dahin, und nimm an, was dir begegnet." Wenn wir das können, in Sanftheit und strahlender Klarheit – brauchen wir dann noch so etwas wie ein westliches Zen? Ist für uns der Begriff Zen dann überhaupt noch wichtig? Oder ist da nicht vielmehr nur dies: Offene Weite … ?

Glücksmoment

Als ich, auf dem Weg zur Mülltonne, die Wohnungstür öffne, finde ich auf der Fußmatte einen Osterhasen in Cellophan vor, mit einer gelben Schleife um den Hals und einer Karte: „Von Ihren Nachbarn im ersten Stock“.

Meinungsfrei

Günter Grass hat ein Gedicht veröffentlicht, in dem es um den Konflikt zwischen Israel und dem Iran geht, um iranische Atomanlagen, vermutete Atomwaffen, einen möglichen Atomschlag Israels gegen den Iran und die Lieferung deutscher U-Boote an Israel. Mit diesem Gedicht wurde die Entrüstungsmaschinerie in Gang gebracht, sie funktioniert zuverlässig. Schlagzeilen in allen Zeitungen, empörte Kommentare, Programmänderungen im Radio für Diskussionsrunden über den Fall, Sondersendungen im Fernsehen, ein Exklusivinterview mit Grass. Israel erklärt den Autor zur *persona non grata.* Journalisten kämpfen flammend für das Recht Israels auf Verteidigung, der Schriftstellerverband kämpft ebenso flammend für die Freiheit der Literatur, es lodern Meinungen auf allen Seiten. In meinem Posteingang mehrere Petitionen diverser Organisationen, die ich unterschreiben soll: Für die Freiheit des Wortes, für die Freiheit Israels als autonomer Staat, für die Meinungsfreiheit generell, für Günter Grass im Besonderen.

Ich nehme mir die Freiheit, nicht zu allem eine Meinung haben zu müssen, und lösche die Mails.

„Sparsam reden ist naturentsprechend. Ein Wirbelwind weht nicht einen Morgen lang. Ein Platzregen währt nicht einen ganzen Tag." (Lau-Dse)

Die Esoterikfalle

Gestern war ich in einer großen Buchhandlung. Ich suchte ein Buch von Thich Nhât Hanh als Geschenk; man schickte mich in den vierten Stock, Thich Nhât Hanh war erdnäher nicht zu finden. Ich sah meinen Lehrer vor mir in seiner braunen (erdbraunen) Robe, hörte seine unspektakulären Worte und dachte, seine Bücher in die Esoterik-Abteilung zu stellen, ist kühn. Sie hatten dann auch nur drei von ihm, und das, welches ich gesucht hatte, war nicht dabei. Nun war ich schon nach oben gestiegen und wollte nicht gleich wieder hinunter, also schaute ich mich ein wenig um und stellte fest, dass die meisten Bücher in dieser großen Abteilung in irgendeiner Weise von Hellsichtigkeit, Medien, paranormalen Phänomenen und dem Entwickeln des dritten Auges handelten. In der Buchhandlung gibt es auf jeder Etage bequeme Sitzmöbel, und die Sitze im vierten Stock waren alle belegt mit Menschen, die in Büchern blätterten, die mit Hellsichtigkeit, Medien, paranormalen Phänomenen und der Entwicklung des dritten Auges zu tun hatten.

Wie sagte doch der alte Zen-Meister, als sein Schüler ihm aufgeregt berichtete, er habe während der Meditation Engel gesehen und sei nun ein für allemal erleuchtet: „Geh weiter!"

Alles ist mit allem verbunden

Sie waren das ideale Paar. Jung, klug und in unablässigem Gespräch begriffen. Ihre Welt war die Kunstgeschichte, seine die Literatur; über das Trennende und Verbindende konnten sie sich stundenlang austauschen, lebhaft und streitbar. Ich staunte: Ein Paar, das offenbar Gegensätze und unterschiedliche Ansichten nicht nur aushielt, sondern sogar noch daran wuchs. Und bei all dem wirkten sie, als hätte jeder die ihm fehlende Ergänzung gefunden, deren Verlust ihn kleiner machen würde.

Eines Tages rief sie mich an. Das war nicht ungewöhnlich. Sie erzählte, lebhaft wie immer, von ihren zahlreichen Unternehmungen. Ich lauschte ihren sprudelnden Sätzen; auf dem Fensterbrett landete gerade punktgenau eine Meise, das Bild sehe ich heute, fünfundzwanzig Jahre später, immer noch vor mir, denn im nächsten Moment geschah etwas: Ich wusste wie nebenbei und doch in höchster Klarheit, dass die beiden sich trennen würden.

Was sollte ich anfangen mit meinem Wissen.

Undenkbar, es ihr zu sagen. Auch sonst gab es niemanden in unserem Freundeskreis, der sich diesen Satz ohne Gelächter angehört hätte. Ich hätte schweigen und den Lauf des Geschehens abwarten können, aber das brachte ich damals noch nicht fertig. Irgendwie wollte ich mein Wissen doch an die Frau bringen. Ich schrieb also einen ziemlich unverständlichen Brief, der zwischen den Zeilen voller Andeutungen war, und eine entsprechende Antwort kam dann auch, etwas gönnerhaft und herablassend im Ton, und ich merkte, sie hatte den Sinn meiner Andeutungen gar nicht begriffen.

Sie trennten sich erst zwei Jahre später.

Ein stiller Nachmittag, ein Telefongespräch, auf dem Fensterbrett eine Meise. Ein ganz gewöhnlicher Moment, in dem sich für mich eine Tür öffnete, die zumeist verschlossen ist. Was ich sah, war im Grunde nur eine mögliche Entwicklung, vielmehr deren Keime, die bereits vorhanden waren, und wenn die beiden wacher gewesen wären, hätten sie diese ebenfalls sehen können. Vielleicht wäre die Entwicklung dann anders verlaufen. Vielleicht auch nicht.

Die buddhistische Lehre bietet eine Erklärung für solche Phänomene. Alles ist mit allem verbunden und somit bedingt. Was wir für gewöhnlich wahrnehmen, ist nur die Spitze des Eisbergs, das Ergebnis unzähliger miteinander vernetzter Bedingungen, die zu diesem einen Ereignis führten, das zu sehen wir imstande sind. Aber wir sind nicht fähig, die Bedingungen selbst zu sehen, das sich unablässig verändernde Spiel von Anziehung und Abstoßung, Aufscheinen und Verlöschen, Geborenwerden und Absterben. Und wenn uns doch ab und an ein Blick in dieses Spiel gelingt, bemächtigt sich sofort unser Ego dieser Erfahrung und benutzt sie dazu seine Bedeutsamkeit zu untermauern. Es hält sich dann für einen großen Mystiker, für hellsichtig, vielleicht sogar für erleuchtet. Es plant eine Karriere als Guru oder Heiler, im Geist sieht es schon den auf Monate hin ausgebuchten Terminkalender, die Interviews, die Reisen.

Ich bin in meinem Leben nur wenigen Menschen begegnet, die fähig waren, ab und an einen Blick in das Spiel der Bedingtheit zu tun, ohne in die Ego-Falle zu gehen. Das sind die guten Heiler und Lehrer. Wer sie sucht, wird sie nicht finden. Aber wer in einer dringenden Frage lebt und mit weit offenen Sinnen und gleichzeitig absichtslos durch seine Tage geht, stolpert vielleicht über einen von ihnen.

In der großen Buchhandlung setzte ich mich mit einem Buch über die Entwicklung des dritten Auges auf eine kleine Buchleiter; etwas anderes war nicht mehr frei. Was die Autorin erzählte, war bunt und fesselnd und endlich mal wirklich positiv formuliert. Ich wurde gleich geduzt und mir wurde versichert, ich werde in kürzester Zeit, das heißt, nach dem Besuch eines Kurses bei ihr, die aufregendsten Einblicke in künftige Entwicklungen in mir und anderen Menschen haben.

Ich verstand auf einmal, warum Bücher dieser Art viel höhere Auflagen haben als meine. So kurzweilig war das alles zu lesen, so scheinbar mühelos waren die Anweisungen umzusetzen. Ich begriff, dass dieser vierte Stock weitgehend in der Hand von Mara war. Mara, der Versucher und Widersacher des Buddha, verfolgte den Erwachten lebenslang mit Schmeicheleien, falschen Behauptungen und verführerischen Angeboten zur Erleichterung des Lebens, und das tut er noch heute, mit jedem von uns. Mara ist natürlich Teil unseres Geistes: Unsere dunkle Schwester, der dunkle Bruder, der die Bequemlichkeit sucht, sich vor kleinen Lügen und Tricks nicht scheut, solange sie dem eigenen Fortkommen dienen, und der bereit ist, für Genuss, Ruhm und Erfolg ein paar Grundsätze fallen zu lassen.

Wenn ich nur einen Satz des Zen als Motto für mein Leben auswählen müsste, es wäre dieser: „Geh weiter!"

Ich nahm den Lift.

Glücksmoment

Endlich begriffen, wie man die Spitze der gestrickten Socke so zusammennäht, dass sie wie gestrickt aussieht.

Franziska, zum Nachmittagskaffee gekommen, steckt die Nase in den Flieder auf dem Balkon, rümpft sie kaum merkbar und sagt: „Riecht wie Raumspray mit Fliederduft." Und der frisch gefallene letzte Winterschnee auf dem Berg, sagt sie, habe gestern ausgesehen wie auf der Kitschpostkarte.

Großer Engel aller Meditierenden, behüte mich davor, jemals das Original für die Fälschung zu halten!

MAI

Heimat

Wo wir die Blumen gezählt haben

Wo uns der Vogelruf der ausbleibt
verstört

Wo die Liebe der Katze pünktlich ist
wie der Hunger
und uns nicht gilt

Wo wir einander nicht grüßen müssen
wenn einer schweigen will

Wo wir gelernt haben:
Was nicht gesehen wird
stirbt

Was ist „Zuhause"?

Als der Buddha noch Prinz Siddhartha war, verließ er seinen Vater, seine Frau und sein Kind und die Aufgaben, für die er erzogen worden war. Er verließ den Luxus und die Annehmlichkeiten des Königspalastes in Kapilavatthu, die Stadt und die Region und alles, was ihm vertraut war. Wahrscheinlich hat auch Jesus die Zimmermannswerkstatt von Vater Josef und die Küche von Mutter Maria verlassen (die Bibel interessiert sich nicht für solche kleinen Familiengeschichten), sonst hätte er nicht später zu seinen Jüngern gesagt: „Wer nicht Vater und Mutter um meinetwillen verlässt …"

Was mich an diesen Erzählungen interessiert, ist weniger der Aufbruch, sondern die merkwürdige Tatsache, dass diese Männer etwas hatten, das sie verlassen konnten.

Wir gehörten nicht dazu. Wir sprachen anders, lebten anders, trugen andere Kleidung. Wer sonst hatte solch bleistiftschmale Röcke und große Hüte, wie meine Mutter sie trug? Wir hatten nur ein Zimmer und aßen bescheiden, aber wir hätten uns auf jedem Weltstadtboulevard sehen lassen können. Man sagte uns Arroganz nach und fand, die könnten wir uns nicht leisten. Was warf man uns vor? Für uns war das klar: Wir rochen nach Berlin!

Berlin war Kurfürstendamm, Café Kranzler und das KaDeWe. War Parfum von Lanvin, Handschuhe bis zum Ellenbogen und Opernpremieren im Abendkleid. Berlin war der Leierkastenmann mit dem Äffchen und das Zehnpfennigstück, das ihm in den Hinterhof geworfen wurde. War die Kahnfahrt auf der Spree und der Grunewald mit dem Gasthof, vor dem ein Schild stand: „Hier können Familien Kaffee kochen". Ich liebte die Stadt, weil meine Mutter sie liebte, obwohl ich nie dort gewesen war.

Und zwischen Berlin und uns die Zonengrenze. Wachtürme, Schlagbäume, Stacheldraht, Hunde. Passkontrollen, der begehrte Stempel. Zwischen Einfahrt und Ausfahrt das verbotene Land. Ich kannte das schwierige Wort mit vier, das meine Mitschüler mit zehn noch nicht kannten: Transit.

Meine Mutter buk zum Frühstück Waffeln, und dazu gab es Muckefuck. Ich wollte keine Waffeln mehr und mittags keinen Quark mit Leinöl. Niemand in dieser Kleinstadt in Bayern aß Waffeln und Quark mit Leinöl. Ich wollte essen, was jeder aß. Selbst den Muckefuck hatte ich lange verweigert, bis ich herausfand, dass es den auch in anderen Familien gab. Nur hieß er dort Malzkaffee. Ich bekam, ohne es zu wissen, einen ersten Einblick in die Grenzen, die von der Sprache erschaffen werden. Ansonsten sprachen wir Hochdeutsch, was außer uns kaum jemand sprach. Wenn man mich fragte, wo wir herkämen, sagte ich stolz: Wir sind geflüchtet!

Manchmal stiegen wir an einem Sonntagmorgen in das Auto eines Bekannten und fuhren etwa dreißig Kilometer. Das Ziel war der Ort, an dem es nicht weiterging. Dort standen wir auf Geröll zwischen struppigen Sträuchern, und der dreifach gespannte Stacheldraht spießte den Himmel auf. Meine Mutter stand da und sah hinüber. Irgendwo hinter den Kiefern lag Berlin. Sie sah es, für sie war es nah. Sie sah Tante Hilde und Onkel Heinz. Den Zeitungskiosk von Frau Karsunke, den Salon von Friseurmeister Platen. Sah Schloss Charlottenburg, den Ufa-Palast am Zoo und eine Straße mit dem hübschen Namen Unter den Linden, die, wie sie behauptete, von Palästen gesäumt sei. Irgendwann zeige ich dir den Alex, sagte meine Mutter, und ich kickte gelangweilt Steinchen weg, weil ich an unbekannten Männern nicht interessiert war.

Sie stand. Sie schaute. Über die Ebene heulte der Wind. Als ich ein Steinchen über den Zaun warf, fuhr sie herum. „Tu das nie wieder“, sagte sie atemlos. „Da drüben, das darfst du nie vergessen, ist der Feind.“

Die Sonntagsausflüge mit meiner Mutter haben mich etwas gelehrt: Die Grenze, die uns am meisten zu schaffen macht, ist im Kopf.

Mitte der 1950er Jahre begannen in der Kleinstadt in Bayern neue Häuser zu wachsen. Sie waren weiß verputzt und hatten Gärten. Wir hatten nach mühsamen Verhandlungen und dem Ausfüllen zahlloser Formulare einen bescheidenen Betrag erhalten, der Lastenausgleich hieß und einen Garten nicht erlaubte. Meine Mutter machte sich auf, eine Wohnung mit zwei Zimmern zu finden. Leider stellten sich alle Wohnungen sofort als vermietet heraus, wenn meine Mutter in der Tür erschien. Wir kamen von „drüben", man traute uns nicht. Eine winzige Dachwohnung wurde uns angeboten, meine Mutter bemängelte das fehlende Bad. Unser künftiger Vermieter wandte sich an seine Frau und sagte: „Wozu brauchen die ein Bad, die Polacken haben doch im Osten nie ein Bad gesehen." Er stellte uns dann eine löwenfüßige Badewanne in die Küche und erhöhte die Miete.

Mit Hilfe des Suchdienstes des Roten Kreuzes hatte meine Mutter die Bruchstücke ihrer Familie gesammelt. Einen Bruder hatte es ins Schwäbische verschlagen, den anderen nach Niedersachsen. Die Spuren des Dritten verschwanden auf der Krim. Vielleicht wird man müde, wenn man zwangsweise reist und an Orten landet, mit denen man nichts zu tun hat. Denn alle blieben dort, wo das Schicksal sie abgelegt hatte. Der eine im Norden, der andere im Westen, und wir in Bayern. Obwohl in den neuen Wäldern zu wenig Pilze wuchsen, kein Laden Karlsbader Oblaten führte und keine Badeanstalt auch nur entfernt an das Strandbad Wannsee herankam.

Eines Tages, die Mauer gab es noch nicht, lag die Lieblingstante meiner Mutter im Sterben. Wir packten einen Koffer und fuhren mit dem Zug nach Berlin, in der Hoffnung, sie noch lebend anzutreffen. Ich war fünf, und um mich bei Laune zu halten, bekam ich Zitronenlimonade, die ich zu Hause nicht trinken durfte. Am Abend erreichten wir den Grenzübergang Helmstedt-Marienborn. Alle Reisenden wurden aufgefordert, den Zug zu verlassen. Warum ließ man uns nicht weiterfahren? Warum bekamen wir das Transitvisum nicht? Sämtliche Passagiere eines westdeutschen Zuges verbrachten die Nacht auf Wartesaalbänken, notdürftig in Mäntel und Pullover gewickelt. Meine Mutter trug eine grüne Strickjacke mit Goldknöpfen, die sich in meine Wange gruben. Mein Gedächtnis hat die Jacke aufbewahrt, Masche für Masche. Die erste schlaflose Nacht meines Lebens erlebte ich im Wartesaal des Grenzübergangs Helmstedt-Marienborn.

Transit heißt: Nicht bleiben dürfen und deshalb nicht dazugehören.

Sechs Uhr morgens. Ein Zug mit schätzungsweise dreihundert Menschen an Bord setzt sich in Richtung Berlin in Bewegung. Ich habe Hunger und Durst und fühle mich klebrig. Die Zitronenlimonade ist längst ausgegangen. Ich will nicht mehr nach Berlin, ich will nach Hause. Meine Mutter spielt Quartett mit mir und legt ständig falsch aus. Einmal hält der Zug auf freier Strecke. In der Ferne bellen Schäferhunde. In meiner Erinnerung ist das Bellen der Hunde der einzige Laut. In meiner Erinnerung ist diese Fahrt von tödlichem Schweigen begleitet.

Die Türen des Zuges sind verriegelt, die ganze Fahrt hindurch. Als sie wieder entriegelt werden, sind wir in Berlin. Die Tante ist drei Stunden vor unserer Ankunft gestorben.

Meine Mutter hatte noch eine Heimat. Es war aber ganz allein ihre und nicht meine, und eine eigene suchte ich nicht mehr.

Die Hauslosen

Als aus dem Prinzen Siddhartha der Buddha geworden war und seine Lehre Tausende Schülerinnen und Schüler anzog, sah er sich der Notwendigkeit gegenüber, eine funktionierende Ordnung zu erschaffen, und gründete ein Kloster. Wer Mönch oder Nonne werden wollte, verließ seine Familie, um sich mit ganzer Hingabe dem Pfad des Buddha zu widmen. Der Buddha nannte dies das „Fortgehen in die Hauslosigkeit".

Aber Hauslosigkeit ist im Tiefsten ein geistiger Zustand: Ein Leben in äußerster Offenheit, das auf alle Sicherheiten verzichtet, auch auf den Trost, sich irgendwo niederzulassen und diesen Ort Heimat zu nennen. Jesus meinte vielleicht etwas Ähnliches, als er sagte: „Die Füchse haben ihre Höhlen und die Vögel ihre Nester; der Menschensohn aber hat keinen Ort, wo er sein Haupt hinlegen kann."

Die Hauslosen haben den unbestechlichen Blick, der die unablässigen Veränderungen im Gefüge der Wirklichkeit wahrnimmt, und wissen sehr genau, dass auch sie diesen Veränderungen unterworfen sind. Sie halten Grenzen jeder Art für künstlich und denken kühn über sie hinweg. Manche wirken skurril, einige könnte man für amoralisch oder verantwortungslos halten, andere wieder scheinen eher Träumer und Müßiggänger zu sein. Man sollte sich nicht täuschen lassen: Geistige Ungebundenheit ist enorme Kraft.

Wer in der Hauslosigkeit lebt, wird durchaus irgendwo wohnen, um es trocken und warm zu haben, aber sein Geist ist nicht an die Konventionen des Ortes gebunden, an dem er lebt. Die Hauslosen unserer Zeit sind die Außenseiter der Gesellschaft, die zu anderen Lösungen kommen, als Politik und Wirtschaft empfehlen: die Familie, die zu den eigenen noch zwei Pflegekinder aufnimmt; die Künstlerin, die in ihren Bildern die Schönheit von Dingen feiert, an denen andere achtlos vorübergehen; die alte Frau mit ihrem Wissen über Heilkräuter, die von den

Menschen heimlich aufgesucht wird; der Lokaljournalist, der eine kritische Internetzeitung aufbaut.

Der Schriftsteller Hermann Hesse hat für die Hauslosen, zu denen er und sein Werk lebenslang gehörten, die passende Ortsbezeichnung gefunden: *nebendraußen.*

Der Hauslose wird die unablässigen Veränderungen in seiner kleinen Welt, von der er ein Teil ist, genau beobachten und wissen, wann es an der Zeit ist, physisch oder geistig weiterzugehen. Vielleicht mit leisem Bedauern, vielleicht gewappnet mit einem Mut, den er meint, gar nicht zu haben. Vielleicht mit seiner Familie, vielleicht allein. Aber eins ist dem Hauslosen nicht mehr möglich: Sich in einer Weltanschauung, einer Partei, einem Verein oder einer Religion für immer niederzulassen.

Meine Korrumpierbarkeit

Es gibt eine esoterische Zeitschrift, über die ich gern die Nase rümpfe, weil sie jeden Trend auf dem spirituellen Markt begeistert vorstellt. Diese Zeitschrift, die ich natürlich nicht lese, nur manchmal in der leeren Viertelstunde vor Abfahrt meines Zuges in der Bahnhofsbuchhandlung durchblättere, diese Zeitschrift hat, was ich gestern in einer solchen leeren Viertelstunde feststellte, eine Rezension meines letzten Buches gebracht, die bei aller Kürze den Kern meines Buches trifft und präzise benennt.

Also doch eine Zeitschrift mit Substanz, zumindest zu gelegentlicher Gedankenschärfe fähig, die natürlich ihre Auflage verkaufen will und, das kann ich verstehen, dies nur mit allgemein interessierenden Themen schafft. Die den großen Markt, die breite Masse erreichen, also mit Themen, die nicht, wie die meiner Bücher, sich jenseits jedes Trends bewegen, und die in ihren Bildern geradezu zwangsläufig eine gewisse Buntheit bevorzugen muss und neblig-wabernde Photoshop-Konstruktionen mit Kristallkugeln und Lichtern und Wolken. Jetzt, mein

Zug fährt in zehn Minuten, bin ich bereit, es großzügig zu übersehen, auch die adjektivreiche Sprache stört mich eigentlich gar nicht mehr so sehr, in der Gelassenheit des Verstandenwordenseins ruhend, blättere ich nachsichtig die Seiten um. Kaufen werde ich das Blatt natürlich nicht, der Verlag wird mir ja irgendwann die Rezension schicken, und zwanzig Minuten später sitze ich im Zug und denke nach über meine beunruhigende Korrumpierbarkeit.

Die Ehrung des Schmerzes

Im vollbesetzten ICE von München nach Karlsruhe an einem Sonntagnachmittag. Mein jährliches Seminar in Schloss Altenburg war harmonisch wie immer. Keine Kritik, kein Missklang; Teilnehmer, die erfüllt nach Hause fahren. Ich bin zufrieden und müde. Es ist warm in den Waggons, es riecht nach Schweiß und Wurstbroten. Die Menschen liegen ermattet in den Sitzen, man unterhält sich oder starrt auf den Monitor seines Laptops. Da beginnt im vorderen Teil des Großraumabteils ein Kind zu schreien. Nichts Ungewöhnliches, Kinder schreien schnell einmal. Eine vorsprachliche Ausdrucksform, die leider ab einem gewissen Alter nicht mehr gesellschaftsfähig ist. Das Kind schreit lauter. Unwillig schieben sich ein paar Köpfe aus den Sesselreihen und spähen aus nach dem Störenfried. Jemand müsste das Kind in den Arm nehmen, ihm ein Plüschtier in die Hand drücken. Kinder lassen sich ja so schnell beruhigen. Das Kind schreit. Es hat inzwischen einen Dauerton erreicht, ein dunkles, heiseres Röhren, das aus den Tiefen des Bauchs aus ihm herauszuströmen scheint.

Ich bin mit einem Schlag hellwach.

Jetzt sehe ich sie. Ein etwa sechsjähriges Mädchen mit langen blonden Haaren. Sie steht im Gang, den Oberkörper leicht vorgebeugt, die Hände auf den Oberschenkeln, und würgt ihren

Schrei heraus. Dann rennt sie los, durch den Mittelgang des Waggons. Als sie an mir vorbeistürmt, sehe ich ihr glühendes Gesicht, in den Augen eine große Ferne. Sie ist gar nicht hier, in diesem Zug, sie ist in einer anderen Welt, in die ihr niemand folgen kann. Zwei Jungen rennen hinter ihr her. Der Kleinere will nach ihr greifen, der Ältere hält ihn zurück und sagt: „Lass sie. Du weißt doch, wie sie ist." Sie steht drei Reihen hinter meinem Sitz und schreit. Das ist kein menschliches Schreien mehr, es ist das Schreien eines angeschossenen Wildtieres. Die Köpfe beugen sich noch tiefer über die Laptops, die Gespräche werden lauter geführt, man versteht ja sein eigenes Wort nicht mehr. Hinter mir wendet sich eine Frau ihrer Sitznachbarin zu und stellt fest, wenn das ihre wäre, würde sie energisch durchgreifen.

Wo ist der Mensch, der hier zuständig ist? Die beiden Jungen lehnen inzwischen wieder weit hinten am Sitz einer Frau und behalten die schreiende Kleine beunruhigt im Auge. Die Frau plaudert angeregt mit einer anderen Frau über den Gang hinweg. Wahrscheinlich weiß auch sie schon, *wie sie ist.* Vielleicht befolgt sie den Rat eines Erziehungsberaters: Keine Aufmerksamkeit schenken, dann gibt sie das Theater von alleine auf.

Ich sitze auf meinem Platz, Nummer 58 am Gang im Wagen 4, und bin mit einer sechsjährigen Zen-Meisterin konfrontiert. Ihre Wahrheit in diesem Moment ist Schmerz, dem gibt sie Ausdruck. Es tut weh, sie schreit. Eine ursprüngliche, authentische Reaktion.

Vor ein paar Jahren kam mir auf dem Gelände der Zen-Schule, in der ich fast zwanzig Jahre praktiziert hatte, die leitende Nonne entgegen. Sie lächelte, ich lächelte zurück. Dann erkannte ich, dass sie mich gar nicht sah. Sie sah niemanden, sie lächelte ins Unbestimmte, mit hochgezogenen Mundwinkeln, ein wenig angestrengt, wie mir schien. Sie ging an mir und anderen vorüber, lächelnd, und bemerkte uns nicht. Ich war verwirrt und ein wenig beschämt; ein Mensch, der sich gemeint fühlt und gar nicht wahrgenommen wird. Sie hatte aber nur die

Erkenntnis der Neurowissenschaften umgesetzt, nach der ein Lächeln dem Gehirn signalisiert, dass in Körper und Geist alles in Ordnung ist. Sie erklärte es uns in ihrem nächsten Vortrag. Und anschließend wandelten ein paar Hundert lächelnde Menschen durch das Gelände, den Blick in eine unbestimmte Ferne gerichtet, und sahen nichts.

Die Harmonie in unseren Seminaren hier im Westen: ist sie nicht eine Lüge? Wir wollen uns *wohlfühlen*, wir sprechen sanft miteinander, damit wir einander *nicht wehtun*, wir fordern einander nicht heraus, wir sind einander keine Zumutung. Der Buddha und Jesus aber *waren* Zumutungen, und die großen Rishis, Sheiks und Meister sind es noch heute. „Wenn du noch nicht bitter geweint hast, hast du noch nicht angefangen zu meditieren", sagte der koreanische Zen-Meister Ajan Chan. Und der Schamane Malidoma Somé aus Burkina Faso sagt: „Weinen als Ausdruck der Trauer ist zugleich eine Ehrung des Schmerzes, den man empfindet."

Wir alle sind voller Tränen. Und weinen höflich in uns hinein, weil wir die sich abwendenden Blicke, die rasch sich über die Laptops beugenden Köpfe nicht ertragen würden. Die Gefahr, dass da jemand energisch durchgreift, wäre zu groß. Sie würde unseren Schmerz ins Unerträgliche steigern.

Ich bemerke auf einmal, wie heiß es im Waggon ist. Die Menschen riechen. Jeder anders, jeder nach sich selbst. Ich will die fremden Menschen nicht riechen, ich will den fremden Schrei nicht hören. Ich will das alles nicht wahrnehmen, weil meine geöffneten Sinne jetzt auch mich selbst wahrnehmen. Ich rieche. Ich habe, nach all den Jahren der Praxis und viel Weinen auf dem Kissen, noch immer einen Schrei in mir. Diese kleine unbekannte Zen-Meisterin wirft mich auf mich selbst zurück. Das machen Zen-Meister immer, und das ist unangenehm. Ich habe keinen Laptop dabei, über den ich mich beugen könnte. Ich lege den Kopf an das Polster und setze mich im Geist auf mein Kissen. Spüre den kalten Luftstrom des Atems an den Nasenlöchern, verfolge seinen Weg durch die Luftröhre, bemerke das Heben der Bauchdecke. Ein. Aus. Zazen auf Platz 58 in Wagen 4 des ICE von München nach Karlsruhe.

Sie ist leergeschrien. Sie trottet zurück durch den Gang, ihr glühendes, nasses Gesicht taucht für eine Sekunde neben meinem Sitz auf, in den Augen eine bodenlose Leere.

Der Flieder ist verblüht

So nennt man das: verblüht. Übrig geblieben sind braun vertrocknete Pflanzenrestchen, die einmal weiß waren und dufteten und alle Besucher zu dem Ausruf veranlassten: „Hast du aber einen schönen Flieder!" Die Restchen sind hässlich, eine Beleidigung für jedes Gärtnerauge. Aber um sie herum passiert auf einmal etwas: es wird grün. Die schönen duftenden Blüten zur Welt zu bringen hat die Kraft des Baumes wahrscheinlich erst einmal erschöpft. Dazu noch Blätter herzustellen wäre eine Überforderung gewesen. Er hat also tief Atem geholt, die Blüten sich selbst überlassen und nach ein paar Tagen die Blättererschaffung in Angriff genommen.

Und wir nennen das: verblüht.

Zurück auf dem Berg

Jedes Jahr muss ich ein Mal zurück auf den Berg, auf dem ich elf Jahre gelebt habe. Um zu schauen, ob sich wirklich nichts verändert hat dort, ob dies wirklich ein Ort ist, an dem die Zeit vorübergeht, weil sie ihn nicht auf ihrer Wanderkarte hat. Er ist zu klein, zu unbedeutend, was soll sie dort, die Zeit. Sie hat es eilig, sie muss in die Städte, wo sie Lobbyarbeit betreibt für sich und damit auf offene Ohren trifft, in Rathäusern, Landratsämtern, Parteizentralen, Direktionsbüros, Marketingabteilungen,

Verlagen und beim Rundfunk. Dort versteht man, anders als in dem kleinen Ort auf dem Berg, ihre Sprache. Man weiß, was sie meint, wenn sie von Wettbewerb, Produktoptimierung und Outsourcing spricht, von Generationenwechsel, Zukunftsplanung und Neuorientierung. Der Ort auf dem Berg, in dem ich gelebt habe, ist so unbedeutend, dass selbst das zuständige Landratsamt ihm keine Nadel mit Fähnchen dran auf seiner Wandkarte der geplanten Bauvorhaben gönnt. Aber ich muss mich jedes Jahr aufs Neue davon überzeugen, dass mein Dorf auf dem Berg wirklich immer noch und immer weiter übersehen wird, zur Freude der Gäste und Touristen.

„Schau, hier", sage ich zu Paul, „habe ich gewohnt."

Was sieht er? Einen dreihundert Jahre alten Schwarzwaldhof mit dem tief gezogenen Dach (unter dem es auch im Sommer nie warm wird, aber das weiß nur ich). Vor den winzigen Fenstern Kästen mit Geranien (er mag Geranien nicht, ich übrigens auch nicht). Einen ausgehöhlten Baumstamm als Brunnen. Eine Wiese. Kühe. Er blickt sich höflich um. Er geht abends gern ins Theater oder Kino, und eine gute Bibliothek in der Nähe ist ihm wichtig. „Warum hast du so lange hier gelebt?", fragt er.

„Weil der Berg mein Zen-Meister war", sage ich.

Zen-Meister sind nichts für empfindliche Gemüter. Sie schwingen einen Stock, stoßen hin und wieder einen heftigen Schrei aus und werfen den Schüler ohne zu zögern vor die Tür, wenn sie den Eindruck haben, er oder sie ringe nicht mit aller Kraft um die Erleuchtung. Ein Zen-Schüler sollte deshalb nie jammern, Ausflüchte vorbringen, dumme Fragen stellen oder fröhlich herumplaudern.

Der Berg hat mir städtische Empfindlichkeiten ausgetrieben. Ich habe Schneeberge weggeschaufelt, die einen Meter hoch waren, bin in jedem Winter mindestens einmal mit dem Wagen an einen Pfosten geknallt oder im Straßengraben gelandet, habe teure Elektrogeräte durch Blitzschlag verloren, und als ich mich innig mit einer jungen Kuh befreundet hatte – in Ermangelung einer Katze, weil mein Vermieter seine Schäferhunde auf Katzenjagd dressiert hatte –, fand ich sie eines Morgens abgehäutet und gehälftet am Haken im Kühlraum des Bauern wieder.

Paul findet das ziemlich krass. „Warum hast du dir das angetan?“, fragt er interessiert.

„Weil der Berg mir Glücksmomente geschenkt hat, die ein Städter nie kennenlernen wird“, sage ich.

Wir essen zu Abend – sehr gut, wie Paul anerkennend feststellt –, und als wir zurückfahren, ist es dunkel. Ich kenne jede Serpentine, mein Wagen erinnert sich auch. Und plötzlich, im voll aufgeblendeten Scheinwerferlicht, mitten auf der Straße der Fuchs. Sie laufen immer weg, wenn ein Wagen kommt, warum läuft dieser nicht weg? Bleibt mitten auf der Fahrbahn stehen wie ein Schülerlotse und sieht uns ruhig entgegen. Todesmutig. Ich müsste ihn überfahren, anders komme ich nicht vorbei. Also anhalten, abblenden, abwarten.

Der Fuchs blickt sich um, als rufe er jemanden, und dann erscheinen am Waldrand kleine Pfoten und vier winzige spitze Nasen. Die Kinder wackeln langsam über die Straße. Voller Vertrauen, Mama ist ja da. Wandern furchtlos an dem vielleicht ersten Auto ihres Lebens vorbei, das respektvoll mit abgeblendeten Scheinwerfern wartet, schnuppern ausgiebig auf dem Asphalt herum; solch ein Übergang dauert eben, wenn man so klein ist und gerade erst die Welt entdeckt. Als die Schwanzspitze des Letzten im Wald verschwunden ist, dreht die Füchsin sich ruhig um und folgt ihm.

„Ich verstehe“, sagt Paul.

Und nach einer Viertelstunde schweigender Fahrt: „Ich frage mich, was dir das formale Zen noch geben kann, nach elf Jahren auf diesem Berg.“

Acht Jahre meiner Zen-Schulung habe ich mit *Koans* gearbeitet. Ein *Koan* ist eine vom Meister gegebene Aufgabe, die aus einem paradoxen Satz besteht, zum Beispiel: „Hör auf das Klatschen einer Hand!“ Mit Nachdenken und Logik ist die Antwort auf ein *Koan* nicht zu finden, im Gegenteil: Je länger die Schülerin über die Frage nachgrübelt, umso verwirrter wird ihr Geist. Die Antwort muss aus der Tiefe aufsteigen, sie kommt wortlos und kann fortan das ganze Leben durchdringen.

Irgendwann entdeckte ich mein persönliches *Koan*, das in keiner traditionellen Sammlung zu finden ist: Wenn du plötzlich herausfindest, dass es keinen Ort mehr gibt, den du aufsuchen kannst, um dich erfüllter und glücklicher zu fühlen, um etwas grundsätzlich Neues zu lernen, zu erfahren, zu begreifen – wohin gehst du dann, weil Stehenbleiben nicht möglich ist?

Mögliche Antwort I: Das Ziel war noch nie der Sinn des Gehens. Der Sinn des Gehens ist das Gehen.

Mögliche Antwort II: Das Ankommen hat keinen Ort. Es hat eine Zeit: das Jetzt.

Antwort III: Aaaah! Wie frisch die Luft ist nach dem Tau der Nacht!

Wer ist *ich*?

Ein Zug fährt durch die indische Tiefebene. Der Zug ist lang, er fährt seit Tagen durch das endlos flache Land, und irgendwo in seiner Mitte ist zwischen zwei Güterwaggons ein umgebauter Passagierwagen eingekoppelt. In diesem Wagen fährt eine Gruppe von fünfzehn Engländern von Delhi südwärts bis Madras. Im Schlafabteil liegt auf einer Isomatte eine Deutsche, die sich den Engländern für ein paar Wochen angeschlossen hat. Sie hat Fieber, deshalb meiden sie die anderen, die sich an dem unbekannten Virus, der das Fieber verursacht hat, nicht anstecken wollen. Sie hat auf diese Weise für ein paar Stunden das Geschenk des Alleinseins erhalten, eine Wohltat in dem engen Waggon und diesem Land, das an Menschenmassen erstickt. Aus der Bordbibliothek hat sie sich ein Buch genommen, „I Heard the Owl Call My Name" von Margaret Craven. Die Geschichte eines jungen todkranken Priesters, der vor seinem Tod noch schnell die Indianer in Alaska zum Christentum bekehren will und erst spät begreift, dass die Indianer ihn etwas lehren können.

Sie ist seit jeher eine intensive Leserin, die in Figuren und Schauplätzen aufgeht. Jetzt hat anscheinend das Fieber ihre Fähigkeit zur Anverwandlung noch gesteigert. Sie hat das Buch ohne abzusetzen ausgelesen, legt es beiseite und blickt zum Fenster hinaus. In ihr die Kälte Alaskas, der Schnee, die Indianer, und draußen das unter der Hitze flirrende Land, ein Ochse vor einem Pflug, Frauen in Saris mit gebündeltem Reisig auf den Köpfen.

Das ist der Moment, in dem sie sich abhanden kommt. Dass ihre innere und die äußere Landschaft nicht zusammenpassen, ist sie gewohnt, aber jetzt zeigt weder die eine noch die andere irgendein Zeichen des Bekannten. Es ist, als wäre ein feiner Faden gerissen, der, ohne dass sie es je bemerkt hätte, so etwas wie der rote Faden der Kontinuität in ihrem Leben gewesen war: der Faden des Ich-Gefühls. Da ist nichts mehr, zu dem sie Ich sagen könnte, kein Gefühl, kein Gedanke, keine Erinnerung, kein Wunsch, keine Befürchtung. Sie ist eine Hülse, gefüllt mit all dem, was sie *nicht* ist.

Oder: was sie *auch* ist.

Was damals dennoch zuverlässig funktionierte, war so etwas wie ein Instinkt. Er – nicht „ich" – wusste, dass ein Schritt weiter möglicherweise verhängnisvoll gewesen wäre. Ich fand mich wieder am Fenster eines indischen Eisenbahnwaggons, die Hände um die Gitterstäbe gelegt; es war wie ein langsames Erwachen aus einem Traum, der sich noch Tage danach lebendiger anfühlte als alles, was der Wachzustand zu bieten hatte.

Glücksmoment

Zum ersten Mal in diesem Jahr in den See getaucht und losgeschwommen, in den Glanz der untergehenden Sonne hinein.

JUNI

Kein Regen

Heut schreiben sich sogar
die Schwalben in den Himmel ein
und wir
schütteln die Herzen frisch auf nach der Nacht
und gehn um Gold zu sammeln
in unsere Augen
bevor uns der Sturm die Fenster zuwirft
und du mir leuchten musst
und ich dir

Am rechten Bühnenrand steht ein Mönch und meditiert. Geschorener Kopf, gefaltete Hände, gesenkte Augen. Er wird dort eineinhalb Stunden bewegungslos stehenbleiben, während gleichmäßig und langsam goldener Reis auf ihn hernieder rieselt. Reis auch auf dem Bühnenboden. Männer und Frauen erscheinen aus den Kulissen; sie waten mühsam durch die Körner, gestützt auf riesige knotige Äste, an deren Enden Glöckchen hängen. Die Farbe ihrer Gewänder ist eine Nicht-Farbe: ein Ton zwischen Stroh, Pfirsich und sonnenverbrannter Erde. Die Menschen winden sich in Schmerzen, ringen miteinander, lieben und kämpfen, bäumen sich auf, jagen und verlieren einander. Der Reis wird zum Fluss, der Fluss wird zur Zeit, ständig sich verändernd und doch immer gleich. Einmal geht ein tropischer Regenschauer aus Reis hernieder, es prasselt, die Tropfen springen, die Menschen tanzen im Regen. Das Leben wird hier gezeigt, das ganz alltägliche irdische Leben jedes Menschen. Der Regen kommt, der Regen geht, der Fluss fließt weiter. Und die Menschen bemühen sich, glücklich zu sein.

Unterhalb der Bühne, am rechten Ausgang, acht Männer in einer Art dunkler Uniform. Sie singen polyphon einen Gesang, der aus archaischen Zeiten kommt und keiner je gehörten Musik gleicht. Sie singen eineinhalb Stunden lang, kraftvoll und klagend, ruhig und gleichmäßig, als vollführten sie hier, im Festspielhaus des Europäischen Zentrums der Künste Hellerau in Dresden, ein Exerzitium.

Um die Füße des Mönchs sammelt sich langsam der Reis wie in einer Sanduhr. Die Zeit rieselt weiter, doch der Mönch ist jenseits von ihr. Er verweilt am Ort des Nicht-Denkens und Nicht-Reagierens. Und als die Menschen nach ihren Kämpfen und Festen nacheinander in den Kulissen verschwinden, bleibt einer übrig, der langsam und geduldig mit einem Rechen in die Körner eine große Spirale zieht.

Entfesselte Bravorufe, donnernde Füße, stehende Ovationen. Auf der Bühne verbeugt sich ein kleiner großer Künstler. Der taiwanesische Choreograf Lin Hwai-min war auf den Spuren des Buddha durch Indien gereist; in Bodh-Gaya hatte er sich, wie vor fast 2600 Jahren Prinz Siddhartha, bevor er der Buddha wurde, unter einen Baum gesetzt. Da, erzählte er, sah er die Sonne hinter der Stupa aufgehen, „und mein Herz füllte sich mit Freude; ich fühlte einen Seelenfrieden, wie ich ihn nie zuvor erfahren hatte." Zurück in Taipeh, meditierte er mit den Tänzern seines Cloud Gate Dance Theatre jeden Tag. Und schuf das Stück „Songs of the Wanderers", „ein Stück darüber, wie man Askese praktiziert, über die Sanftheit des Flusses und die Suche nach Frieden."

Unten rechts verbeugen sich die acht Sänger des georgischen Rustavi-Chors in militärischer Gleichzeitigkeit und gehen durch die Seitentür ab.

Ich trete in die warme Dresdner Sommernacht. Ich will nicht zurück in die Stadt, gehe langsam und ziellos durch Seitenstraßen, an Einfamilienhäusern und schmalen Vorgärten vorbei. Alles schläft in der Gartenstadt Hellerau. Aus der Ferne höre ich am Festspielhaus Autotüren schlagen, Motoren starten. Über mir der hohe Himmel, die Sterne. Ein taiwanesischer Choreograf hat mir gezeigt, was kein Meditationslehrer mir zeigen konnte:

Schönheit und Frieden sind dasselbe.

Künstler und Kirche

Am nächsten Morgen. Außer mir ist hier niemand allein unterwegs, sie sind in Sonderzügen und Bussen gekommen und bleiben eisern zusammen: als Gemeinde, Chor, Bibelgruppe, Pfadfindertruppe. Wenn sich in der Straßenbahn jemand an einer Tür hineinpresst, schwappt durch den Druck ein anderer an der nächsten Tür hinaus, obwohl er gar nicht aussteigen will. Ich habe einen Termin am Stand meines Verlags, aber die Messehalle ist wegen Überfüllung geschlossen. Im Saal spricht gerade Angela Merkel, ihre Rede wird auf Großleinwand nach draußen übertragen.

Und ich, die das Kleine und Überschaubare liebt, die Ränder der Ereignisse, die Einsiedeleien, das Abgelegene, Abgeschiedene, Vereinzelte – ich bin mittendrin.

Einhundertfünfzigtausend Menschen sind zum Evangelischen Kirchentag nach Dresden gekommen. Sie wohnen in Hotels, die ihre Preise an diesem Wochenende heftig erhöht haben, sitzen auf unbequemen Papphockern, pressen sich in Säle, in denen die Luft gefährlich knapp wird, und eilen von einem Termin zum anderen, um möglichst viel von den vier Tagen zu haben. Ich bin eine von tausend Referenten, die man eingeladen hat, und weiß, dass niemand hier daran interessiert ist, Margrit Irgang zu erleben. Vielleicht geht es nicht einmal um Angela Merkel oder Präses Schneider. Ich höre eine Frau sagen: „Die Käßmann war voll, der Thierse auch, da bin ich in ein Konzert gegangen. Drei junge Leute, war nicht schlecht."

Es geht nicht um das, was gesagt, gesungen, gepredigt wird. Es geht um die Gemeinsamkeit, das Zusammensein mit denen, die das Gleiche wollen, an dasselbe glauben, dieselben Werte teilen. Der erste Kirchentag in den neuen Bundesländern – was bedeutet das für Menschen, die ihren Glauben jahrzehntelang im Verborgenen lebten, in Maulwurfskirchen, deren Pfarrer stete unauffällige Untergrundarbeit leisteten? Kirche wollte hier nie das sein, was ich in ihr so schmerzlich vermisse: Hüterin und Vermittlerin des Mysteriums. Kirche war ein dringend benötigter Ort des Widerstands gegen Diktatur und Tyrannei. Teil einer Gemeinde zu sein bedeutete, sich geborgen zu fühlen und Menschen zu finden, denen man vertrauen kann.

Ich bin eine Besucherin aus einem sehr fernen Land.

Am Nachmittag wieder im Festspielhaus in Hellerau. Der Kirchentag lädt ein zu einem „experimentellen Programm" über Kunst und Spiritualität. Ich hätte meine Mitwirkung nicht zugesagt, hätte es nicht den Zusatz „experimentell" gegeben. Künstler und Kirchen haben ja unterschiedliche Interessen; die einen wollen sich in absoluter Freiheit ihre eigenen Erkenntnisse erarbeiten, die anderen bieten vorformulierte Erkenntnisse an, deren Wahrheitsgehalt mit Unterstützung des dafür ausgebildeten Personals realisiert und gelebt werden soll.

In sechs Räumen finden parallel Gespräche mit dem Publikum statt. Jedes Gespräch dauert fünfundzwanzig Minuten, und Priester, Mönche und Professoren, Schauspielerinnen, Schriftsteller, Tänzerinnen und Musiker rennen durch die Gänge, um rechtzeitig in dem für sie vorgesehenen Saal als Überraschungsgast aufzutauchen. Statt des Statements, um das man mich gebeten hatte, habe ich für jeden Saal ein Gedicht mitgebracht von großen Kollegen: Peter Huchel, Wisława Szymborska, Zbigniew Herbert.

Aber Gedichte brauchen Raum, um sich zu entfalten, und sie brauchen die Stille. Sie brauchen Menschen, die lauschen können und warten, bis das Gedicht in ihnen zu sprechen beginnt. Die Menschen hier jedoch wollen das tun, was sie früher in ihren Kirchen getan haben: Sie wollen diskutieren. Ein Mann, der neben dem Eingang an der Wand lehnt, ruft mir mit wutverzerrtem Gesicht zu: „Gedichte sind doch Schlaftabletten für den Geist! Wo bleibt die gesellschaftliche Relevanz?"

Auf dem Evangelischen Kirchentag in Dresden ist kein Raum für Gedichte.

Gegen Abend sitze ich im Garten unter den alten Bäumen. Das Programm ist zu Ende, nur noch wenige Menschen sind hier. Der Wurstbrater klappt die Theke seiner mobilen Wurstbraterei hoch und sichert sie mit Scharnieren; der Eismann liegt im Gras und raucht. Ein paar Kinder spielen im hinteren Teil des Gartens Fangen, eine Frau jongliert mit bunten Bällen. Schwalben fliegen hoch oben im Abendhimmel, ein kleiner Wind zaust die Linde und flüstert in den Pappeln.

Frieden und Schönheit.

Im Schein der kleinen Lichtkreise die Hände. Schmale, große, dicke, dünne. Die Hände blättern Seiten um. Seiten aus dickem, dünnem, altem, aufgequollenem und noch nie berührtem Papier. Es raschelt und knistert, ein Buchrücken quietscht, ein Foliant wird mit einem dumpfen Plopp zugeklappt. Über dem abgeschirmten Licht im Halbdunkel die Köpfe. Man kennt einander, wie Leser einander kennen: durch das, was einer liest. Das Werk über die Zugroute der Schneegans. Die tektonischen Verschiebungen der Eisberge. Die Gedichte in spanischer Sprache. Das Äußerste an Erkennungszeichen von Leser zu Leser ist ein angedeutetes Nicken. Ab und an steht jemand auf und geht nach vorne an den Schalter, um ein Buch zurückzubringen oder flüsternd eins zu verlangen, das in der Zwischenzeit eingetroffen ist. Geht lautlos über Teppichboden in einem Raum von der Größe einer Bahnhofshalle. Draußen fällt ein steter feiner Sommerregen.
(Lesesaal der Bayerischen Staatsbibliothek München, 1980er Jahre)

Lese in meinem Haiku-Buch. Ich habe nur eins, es ist schmal, und doch werde ich es nicht schaffen, das Buch in der mir noch verbleibenden Lebenszeit *auszulesen.* Kaum schlage ich es auf, sehe ich: Die Haiku haben sich schon wieder verändert. Haben sich einen anderen Duft zugelegt, schillern andersfarbig, haben sich enttarnt oder neu verschleiert. Oder habe ich mich enttarnt oder neu verschleiert?

Der große Basho sagte, ein Haiku zu machen bedeute, „die augenblickliche Inspiration aus dem Geist auf die äußere Form eines Verses zu schütteln".

Die augenblickliche Inspiration aus dem Geist auf die äußere Form meines Lebens schütteln …

Ein Buch, das *ausgelesen* werden kann, ist es nicht wert, geschrieben zu werden.

Das Fest, zu dem ich nicht geladen bin

Ein Abend im tiefsten Bayerischen Wald, vor etwa fünfzehn Jahren. Ich war, was ich damals bestritten hätte und erst heute weiß, noch ziemlich jung. Die Sommer waren, was ich auch bestritten hätte, noch richtige Sommer, lang und heiß. Im Meditationshaus Intersein-Zentrum, das meinen Freunden Karl und Helga gehört, fand gerade kein Seminar statt, deshalb war ich der einzige Gast. Zusammen mit der kleinen Hausgemeinschaft hatte ich die Abendmeditation gesessen; um neun Uhr war sie zu Ende, und die Fünf oder Sechs verschwanden schweigend in ihren Zimmern. Es war ein warmer Juniabend, der Himmel im Westen leuchtete, und weit und breit gab es nur Wald und Feld und Himmel, ein idyllischer Ort. Ich machte einen Spaziergang zum Waldrand, mehr gab es nicht zu tun, und ging dann auch auf mein Zimmer. Das Haus lag in tiefer Stille, nicht einmal ein Husten war zu hören; um mich herum spürte ich die Leere von fünfzig abgezogenen Betten. Da erklang von irgendwo jenseits der Felder eine Trommel, darüber erhob sich der Klang einer Flöte. Und auf einmal fiel mir ein, dass dies die Nacht der Sommersonnenwende war.

Der Sommer war auf seinem Höhepunkt, ab morgen würde er kaum merkbar in den Winter gleiten, Tag für Tag ein wenig mehr. Dort irgendwo auf den Feldern fand eine Sonnwendfeier statt, und ich war nicht dabei. Ich würde diesen längsten Tag nicht feiern, ich würde den Sommer nicht verabschieden, würde keinen Blumenkranz im Haar tragen, nicht über das Feuer springen. Ich hatte nicht einmal ein fließendes Kleid in Sommerfarben an, nur ein altes ausgeblichenes T-Shirt als Nachthemd.

Die Nacht begann heraufzudämmern, die Luft war leicht und seidig, ich saß im weit offenen Fenster, und das Abgeschnittensein von allem, was ich unter Leben, Fest und Freude verstand, kam als heftiger Schmerz. Was wollte ich in diesem gespenstisch leeren Haus, was suchte ich überhaupt im Zen und in der Meditation? Ich wollte *leben*, und das Leben war dort, auf den Feldern, wo man tanzte und sang und aß und trank. Ich saß bis Mitternacht auf dem Fensterbrett und sah in die Nacht. Im Wald rief ab und an ein Käuzchen. Im Dachstuhl knackte ein Balken. Durch den Garten schnürte ein Wesen mit langem Schwanz.

Heute scheint mir, dass die Feste, zu denen wir nicht geladen sind, die intensivsten Feste sind. Keine Menschen, kein Gespräch, kein Lärm und kein Geruch lenkt uns von der Erfahrung der Festlichkeit ab. Die stille Beobachterin, die durch die Fenster des Ballsaals blickt, nimmt jede Einzelheit wahr; sie ist gleichzeitig der Tänzer wie die Sängerin, der Kellner wie die Frau in der Abendrobe, die ihr Sektglas leert. Der Beobachter hat unendliche Möglichkeiten; der Teilnehmer muss sich auf jeweils eine Möglichkeit beschränken. Jene Nacht der Sommersonnenwende bleibt mir als eine Erfahrung der reinen Gegenwärtigkeit, in der das Wenige, das sich meinen Sinnen bot, eine Intensität hatte, die ich jederzeit wieder aufrufen kann. Vielleicht werde ich irgendwann irgendwo in einer ebenso stillen Nacht liegen, in einer aufs Äußerste zusammengeschrumpften Welt aus weißer Bettwäsche und einem Bettgestell, und werde mich an diesen Moment größter Lebendigkeit erinnern. Ich werde wieder die weit entfernte Flöte und das Käuzchen hören, die Leere der unbewohnten Zimmer um mich herum spüren, in der seidigen Nacht auf dem Fensterbrett sitzen und noch einmal die Sehnsucht empfinden, die mir einst so schmerzhaft erschien, von der ich dann aber wissen werde, dass sie das Leben selbst gewesen ist.

Glücksmoment

Winfried, der in meiner Jugend fünf Jahre lang mein Partner war, beugt sich nach dem gemeinsamen Mittagessen in unserem Lieblingsrestaurant zur offenen Wagentür hinunter und sagt: „Wenn du jemals Hilfe brauchst, ich bin für dich da."

Ein warmer Sommertag geht über in eine warme Nacht. Noch ist es hell, alle Fenster stehen weit offen, in meinem Viertel sitzen die Menschen in Gärten und auf Terrassen, erste Windlichter werden angezündet. Irgendwo muss ein Hund sein, er gibt einen Glückston von sich, ein gedämpftes Vorfreuden-Jaulen. Vielleicht kündigt sein Mensch einen Hundeknochen an oder schwenkt die Leine, und der Hund hält an diesem Sommerabend sein Leben als Vorstadthund für das beste aller Hundeleben. Auf einer hinter Apfelbäumen und Rhododendronbüschen verborgenen Terrasse beginnt eine Frau zu singen, in einem sicheren warmen Alt. Sie singt *Am Brunnen vor dem Tore*, und als sie die erste Strophe beendet hat, beginnt sie mit *Hoch auf dem gelben Wagen*. Sie singt, wie ein Vogel singt, ohne Anstrengung und Absicht, vielleicht sitzt sie sogar ganz allein auf ihrer Terrasse und singt für niemanden als für sich selbst und den Sommerabend und den Rhododendron. Auf der anderen Seite der Straße in der übernächsten Häuserzeile wieder der Klavierspieler, der fast schon ein Pianist ist, vielleicht sogar ein stadtbekannter; er spielt fehlerfrei etwas, das wie ein eiskalter Bach klingt, der über Bergsteine springt, unerschöpflich immer weiter springt und fließt. Hoch oben im gläsernen Blau der Mond, ein winziges helles Boot, und wenn ich lange und unverwandt hinaufsehe, beginnt es zu schaukeln.

Sehnsucht

Ein Sommertag im Juni. Hummeln bohren sich in das Geißblatt an der sonnenwarmen Mauer, ein Marienkäfer erklimmt ein Rispengras. Die Hortensienbälle haben schon braune Kräuselränder und sehen aus wie Hutschmuck für alte Damen. Der Himmel ist eine Kugel aus makellosem blauem Glas. Ich liege im Garten hinter der Mauer, die mich gerade noch vor den Blicken der Nachbarn schützt. Ich bin achtzehn; für einen Nachmittag bin ich der Behörde entronnen, die mich seit zwei Jahren für eine 48-Stunden-Woche miserabel bezahlt. Noch nie habe ich an einem gewöhnlichen Wochentag Stunden in dieser winzigen Ecke des Gartens hinter der Mauer verbracht. Ich wusste nicht, dass die Bienen ab zwei Uhr Mittagspause machen und danach die Hummeln kommen. Ich wusste nicht, dass es Ameisen gibt, die Flügel mit sich herumschleppen, die viel zu groß sind, um entfaltet zu werden. Ich liege im Gras und bin bestürzt über all das, was ich nicht weiß.

Das Gefühl von Freiheit an diesem Nachmittag ist unbekannt und ein Schock.

Ich bin achtzehn und warte auf das Leben. Das Leben ist irgendwo da draußen hinter der Mauer. Nicht in dieser Stadt, in irgendeiner anderen Stadt, wahrscheinlich sogar in einem anderen Land. Es wird Sommer sein, wenn ich im Leben ankomme, es wird Bienen und Hummeln geben, vielleicht einen Hund. Ich werde umgeben sein von Künstlern und Bildern, von Musikern und Musik, von Schriftstellern und Büchern. Ich werde selbst singen, malen, tanzen, schreiben. Denn das Leben, das erst noch kommen muss, wird so übervoll und überwältigend sein, dass es dringend einer Form bedarf. Ich werde es künstlerisch ordnen, stellvertretend für die, denen die Gabe, dem Leben Form zu verleihen, nicht gegeben ist. Für diese Tat wird man mich lieben, so, wie auch ich alle Künstler liebe. Hoch oben im Blau brummt ein Doppeldecker, ich liege im Gras hinter der Mauer und verstehe nicht, warum die Freiheit dieses Sommernachmittags so wehtut.

Sich sehnen, das hieß im Mittelhochdeutschen: *sich härmen.*

Viele Jahre später saß ich in einem winzigen Raum am Ende eines langen kalten Klosterflures einem Zen-Meister gegenüber. „Poor writers", sagte er und lächelte fein. „Never satisfied, hm? One book finished, next book planned. Always yearning." Er hatte keine Ahnung vom Mittelhochdeutschen, aber seine Aufgabe war es, mich darauf hinzuweisen, dass *sich härmen* dasselbe ist wie Leiden, und Leiden muss beendet werden. So hat es der Buddha gelehrt. Ich dankte ihm mit einer Verbeugung und schlich verstört aus dem Raum.

Sie wollen die Sehnsucht abschaffen, dachte ich.

Im Zendo saß ich auf meinem Kissen und grübelte. *Leiden* meint im Buddhismus ja nicht den konkreten Schmerz: Krankheit, Unterdrückung, Hunger, Ungerechtigkeit. Leiden, *Dukkha,* ist eine geistige Haltung: der Schmerz, den wir uns selbst zufügen, wenn wir die Situation anders haben wollen, als sie ist. Auf niemanden trifft das mehr zu als auf einen, der sich sehnt. Also ist Sehnsucht *Dukkha.*

Was aber ist Sehnsucht wirklich, bevor wir sie mit einem Begriff etikettieren?

Ich schaute sie mir an. Sie schien viel zu schlafen, zumindest war sie häufig abwesend. Wenn sie sich dann bemerkbar machte, hatte es etwas von einem langsamen Erwachen: Sie tauchte in meinem Bewusstsein auf als beiläufiger Gedanke, einer, der vielleicht mit *Ich würde gern mal wieder …* oder mit *Warum eigentlich habe ich noch nie …* begann. Eine gute Meditationsschülerin hätte die Sehnsucht, die noch gar nicht so hieß, schon in diesem Stadium zurück in den Schlaf geschickt. Ich war keine gute Schülerin und schaute dem beiläufigen Gedanken interessiert beim Wachsen zu. Er räkelte sich in meinem Geist, wuchs zu beachtlicher Größe heran und zauberte hübsche Bilder aus seinem Hut, die das *Ich würde gern mal wieder …* schnell in ein *Ich muss unbedingt …* verwandelten. An diesem Punkt verlor ich meine Distanz als forschende Beobachterin und wurde irgendwie von den Bildern und ihren Versprechen gepackt. Ab sofort führten sie die Regie in meinem Geist, und meine Vernunft lag an der Leine und wurde von ihnen mitgeschleift.

Gut, das hatte ich begriffen: Wenn ich nicht rechtzeitig energisch durchgreife, werde ich zum Opfer der Sehnsucht.

Aber noch etwas war mir klar geworden: Der Prozess, in dem die Sehnsucht erwacht und allmählich die Herrschaft über mein Bewusstsein übernimmt, ist derselbe wie der schöpferische Prozess beim Schreiben. Das Ausrotten der Sehnsucht also wäre das Ende meiner Arbeit als Schriftstellerin. Und das Ende der Familien, denn ein Kind entsteht aus Sehnsucht. Und das Ende der Wissenschaften, der wirtschaftlichen und technischen Innovationen, der sozialen Gemeinschaften, der Religionen.

Also ist nicht die Sehnsucht selbst *Dukkha*, sondern ihr fruchtloses Schwelen im Geist, das keinen konkreten Ausdruck findet. Der Sehnsucht eine Gestalt geben heißt, sich von ihrem Opfer zu ihrer Meisterin zu machen.

Jedes Bild, jede Sonate, jedes Lied, jedes Gedicht, jede wissenschaftliche Entdeckung, jede technische Entwicklung ist ein Zeichen für überwundenes *Dukkha.* Das wissen die meisten Zen-Lehrer noch nicht. Aber wir wollen die Hoffnung nicht aufgeben: Zen-Lehrer sind lernfähig.

Glücksmoment

Der Hagel, der morgen in allen Zeitungen wieder *taubeneiergroß* genannt werden wird, hat das Dachfenster in der Küche nicht zerschlagen.

J U L I

Ölbäume

Unsere langsam gewachsenen Seelen

Ich will dich ansehn
wie einen Baum
die Schönheit des Schorfs
und der Verkrüpplung
Merkmale einer Gattung
nichts weiter

wenn die Sonne tief steht
glänzen die Blätter
silbern

Die letzte Dame der Stadt

Es ist die Woche vor dem Sommerschlussverkauf. Im Untergeschoss des großen Modekaufhauses werden Kleider und T-Shirts zu runden Sonderpreisen verkauft. Vor den Umkleidekabinen stehen junge Frauen an, Textilien über den Armen. Was nicht gefallen oder gepasst hat, wird beim Herauskommen auf einen Tisch geworfen. Kreischende Bügel werden über Kleiderstangen geschoben. Die Luft ist schlecht. Da erscheint in einem Seitengang neben der Schuhabteilung ein Paar. Er ist groß und massig, hält in der linken Hand einen Aktenkoffer, im rechten Arm hängt eine kleine alte Frau. Sie trägt ein Seidenkleid aus der Preisklasse, die im zweiten Stock verkauft wird, und zierliche Schuhe mit Lederblüten. Ein Leben lang hat sie es eilig gehabt, jetzt braucht sie den riesigen Mann an ihrer Seite, um sich zentimeterweise über den Boden zu schieben. Er muss sich zu ihr hinunterbeugen, und sein Gesicht hat den unbeholfenen und etwas törichten Ausdruck, den Männer haben, die zum ersten Mal ihr Baby halten. Er ist wahrscheinlich kein Verwandter, eher der Steuerberater oder ein Anwalt. Schiebend und schlurfend erreicht das Paar die Cafeteria. Den Blick in eine unbestimmte Ferne gerichtet, ertastet die Frau die Tischplatte und lässt sich sehr langsam auf den Stuhl sinken. Der Mann geht zur Bar und bestellt.

Sie sitzt am Tisch. Ihr Schmuck ist sorgfältig ausgewählt; jemand, der sein Handwerk versteht, hat sie frisiert. Ein Leben lang hat sie anderen einen angenehmen Anblick geboten; sie wird diese Disziplin bis zum letzten Tag aufrechterhalten. Auf ihrem Gesicht die Andeutung einer Freundlichkeit, weniger als ein Lächeln. Vielleicht ist die Kraft, die ein Lächeln erforderte, vom Gang zu dem Tisch aufgezehrt worden. Um sie herum werden Kleidungsstücke von Bügeln gerissen, Schuhe an- und ausgezogen. Auf ihrem Stuhl sitzt in einem Kreis aus Stille die Inhaberin des großen Modekaufhauses und lauscht auf ihr Lebenswerk. Die Espressomaschine zischt, Tassen klirren, Verkaufsgespräche werden geführt. Hat sie sich das vor fünfzig Jahren so vorgestellt? So groß, so laut, so unruhig? Hat sie gewusst, dass sie irgendwann in ihrer eigenen Cafeteria sitzen und kaum jemand sie erkennen wird? Weil sie hier nicht mehr gebraucht wird, diese Dame aus einer lange versunkenen Zeit.

Ich möchte sie fragen, wie das ist, wenn man sich nicht mehr nach Zukunft sehnt: Hat man dann, wie der Buddha es empfiehlt, alle Anhaftung an Wünsche und Hoffnungen *losgelassen*, und wie fühlt sich das an? Lebt man im unendlichen Jetzt, das aus nichts weiter besteht als dem Klirren der Tassen, den Stimmen der Menschen und einer abgestandenen Luft? An einem Tag im Juli, eine Woche vor dem Schlussverkauf. Falls Ort und Zeit dann überhaupt noch wichtig sind.

Ich nehme die Rolltreppe ins Erdgeschoss und trete in den hellen Nachmittag.

Die Dinge blicken zurück

Sprache ist ein lebendiges Wesen, wie eine Pflanze oder ein Tier. Ihre Wörter brauchen geeigneten Lebensraum, um zu überleben; fehlt er, gehen sie unter. Vor sehr langer Zeit gab es das Substantiv Wahr, und seine Bedeutung war „Aufmerksamkeit, Acht, Obhut". Im Lauf der Jahrhunderte verschwand das Substantiv; es versteckt sich seitdem etwas verschämt in dem Verb wahrnehmen. Die indogermanische Wurzel des Verbs bedeutet „hüten, aufpassen, schützen". Der Wahrnehmende also nimmt die Dinge und Menschen, die ihn umgeben, in seine Obhut; mit seinem Blick behütet und schützt er sie.

Vernissage der neuen Ausstellung von Künstlerfreund Alfred Bast. Im Foyer des Landratsamts in Aalen reichen die Stühle nicht aus, hinten sitzen die Menschen auf Tischen. Vor hundertfünfzig absolut stillen Zuhörern lese ich den Text, den ich für das Katalogbuch geschrieben habe.

Geduldig lädt der Sehende die Dinge ein zum Dialog. Er weiß, dass die Dinge ihr eigenes Sein haben und bei ihm nur kurzfristig zu Gast sind. Wie ein guter Gastgeber bemächtigt er sich nicht seiner Gäste und drängt sie nicht, ihr Geheimnis preiszugeben; er bemüht sich vielmehr, eine Atmosphäre herzustellen, in der er sich für sie öffnen kann. Denn die Verantwortung für das Gelingen dieser festlichen Veranstaltung liegt allein beim Gastgeber: Er muss sich und den Raum, in den er seine Gäste lädt, auf die rechte Weise vorbereiten. Erst dann kann das Erstaunliche geschehen, und jeder Künstler und Schriftsteller weiß, dass es immer wieder geschieht: die Dinge blicken zurück.

Alles, was wirklich wichtig ist, geschieht in den Zwischenräumen. Zwischen Mensch und Mensch. Zwischen den Worten, zwischen den Gedanken. Zwischen dem, der wahrnimmt, und dem, was wahrgenommen wird. Der Zwischenraum ist der Raum der Stille, in dem Urteile und Meinungen, Annahmen und Gewissheiten aufgegeben werden müssen. Und nur, wenn da scheinbar nichts mehr ist, kann es geschehen: Die Dinge blicken zurück.

Joseph Beuys sagte, er müsse sich in jedem Augenblick seines Lebens auf die Arbeit vorbereiten, ob er im Garten arbeite, ein Buch lese oder mit Menschen spreche. Wenn er schließlich ein Bild male, sagte Beuys, „dann habe ich die Kräfte präsent“.

Das Zen empfiehlt als Haltung für ein gelingendes Leben wie für das stets mögliche Erwachen die Absichtslosigkeit. Das darf man nicht mit Trägheit oder Faulheit verwechseln, auch nicht mit Ziellosigkeit oder Gleichgültigkeit. Absichtslosigkeit ist vielmehr ein Geisteszustand, der sich von jeder Art Erwartung freigemacht hat. Der Absichtslose hat keine bestimmte Vorstellung von dem, was er da suchen könnte. Er macht sich nicht vorher ein Bild von etwas, das er noch gar nicht kennt. Er lebt in einer hellwachen, stets empfangsbereiten Aufmerksamkeit, um das, was er weder suchen noch erwarten kann, nicht zu verpassen, wenn es sich zeigt.

Das große Foyer vor mir liegt im Dämmerlicht. Hinter den Köpfen an den Wänden die Bilder. Kleine quadratische Leinwände, alle im gleichen Format, streng mittig gestellt je ein Fundstück aus Wald und Wiese: ein Zweig. Eine Eichel. Ein Blatt. Ein Pilz. Nicht verfremdet, scheinbar nicht gestaltet, scheinbar einfach nur von der Natur geradezu altmeisterlich in Öl abgemalt.

Was bedeutet es, wenn ein Maler so etwas Unscheinbares wie ein Blatt oder eine Kastanie auf diese Weise in seine Obhut nimmt? Er sagt damit, dass Blatt und Kastanie etwas Kostbares sind. Einfach, weil sie Blatt und Kastanie sind, und nicht wegen ihres Nutzens oder des Vergnügens, das sie dem Maler bereiten. Nachdem Rainer Maria Rilke 1907 die Cézanne-Gedächtnisausstellung im Pariser Salon d'Automne gesehen hatte, schrieb er an seine Frau Clara: „Früher hat man gemalt: ich liebe dieses hier, statt zu malen: hier ist es." Blatt und Kastanie, Zweig und Rose, Apfel und Quitte müssen beschützt werden vor den Meinungen, Emotionen, Erwartungen und dem ganzen über sie angesammelten Wissen dessen, der sie betrachtet. Der wahrnehmende Blick ist der empfangsbereite Blick. Mit leidenschaftlicher Geduld wartet er darauf, dass das Objekt seiner Wahrnehmung sich ihm zeige in seinem eigenen Sein.

Einhundertfünfzig lauschende Menschen. Wie viele von ihnen hören, was ich nicht sage, ihnen aber ans Herz lege, leise werbend, insistierend: Dass die Betrachtung eines Kunstwerks dieser Art vom Betrachter denselben Geisteszustand erfordert wie jenen, aus dem heraus der Künstler es erschuf. Das gilt nicht nur für Bilder und Skulpturen, auch für Musik, für Gedichte, für die Art Prosa, die sich dem Gedicht nähert, weil sie nicht über ihr Thema spricht, sondern es aufscheinen lässt. Wer sich solchen Kunstwerken nähern will, sollte in sich den Raum der Stille erschaffen, der es dem Bild, der Sonate, dem Gedicht erlaubt, sich zu zeigen.

„jetzt wachen die ohren meiner ohren auf und / jetzt sind die augen meiner augen offen", sagt der Dichter E. E. Cummings. Und dann beugt sich der Maler über die Leinwand, die Schriftstellerin über das Blatt, um mitzuteilen, was er oder sie gesehen hat. In der Hoffnung, auch dem Betrachter oder Leser geschehe das Unerwartete, Unplanbare, erschreckend Schöne: Es gehen ihm die Augen auf.

Hinterher laufen und reden alle durcheinander, ich schüttle Dutzende Hände, es gibt Wein und Saft und frisch gebackenes Brot. An den Wänden ruhen die Bilder in ihrer Stille.

Am frühen Abend auf dem Balkon landet ein Pfauenauge auf meinem T-Shirt, entfaltet seine Flügel und beginnt auf dem gelben Jersey herumzutupfen. Vielleicht ist diese Farbe in einem Pfauenaugengen einprogrammiert als Blumenpollen und potenzielle Nahrungsspenderin. Ich atme flach. Keine Bewegung, der Gast soll seinen Irrtum nicht bemerken. Die Flügeldecken sind, ich sehe das zum ersten Mal, mit pudrigem Zimt bestreut; wenn ich ausatme, wird er sicher zerstäuben. Das türkisgrünblau schillernde Auge auf jedem Flügel vibriert kaum merkbar. Der Gast tupft unermüdlich zwischen den Jerseymaschen herum. Bald wird er merken, dass ich keine Nahrung für ihn bin, dass ich ihm nichts anbieten kann als Gegengabe für die Schönheit seiner Flügeldecken. Ich bin ein nutzloses Wesen für einen Schmetterling; das ist in diesem Moment eine niederschmetternde Erkenntnis. Bevor ich aufgrund meiner Nutzlosigkeit verlassen werde, wedele ich mit dem Saum des T-Shirts, und der Falter steigt in den hellen Abendhimmel.

Glücksmoment

Als ich, auf dem Sofa meiner Freundin Dagmar in Berlin erschöpft eingeschlafen, aufwache, steht auf dem Tisch ein in der Zwischenzeit gebackener Schokoladenkuchen, zu dem sie Ingwereis serviert.

Käse

Ich stand im neuen, großen Supermarkt bei mir um die Ecke vor dem Käseregal. Sie hatten eine unglaubliche Auswahl an Käse, aus Kuhmilch, Ziegenmilch, Schafsmilch, hergestellt mit tierischem Lab und mikrobiellem Lab, Hartkäse, Weichkäse, Hüttenkäse, Käsecreme, mit Kräutern, Pfeffer, Chili, Lachs, Nüssen, Ananas, Papaya, Bockshornklee. Käse aus Frankreich, Italien, Spanien, England und der Schweiz, aus dem Allgäu, dem Schwarzwald, aus Oberbayern und Niederbayern, vom Biohof X, vom Biohof Y, von der berühmten Käserei und von der nicht so berühmten. Ich hatte mir eigentlich nur hundert Gramm fürs Abendessen kaufen wollen, irgendeinen wohlschmeckenden Käse als Brotbelag, aber ich kam nicht dazu, denn in Gestalt von fünfzig Sorten Käse überfiel mich das ganze Elend der Welt.

Das Elend war gesprächig, es flüsterte mir zu: Wer braucht solch eine Riesenauswahl, warum genügen nicht zehn oder fünfzehn Sorten? Diese Verführung zum Konsum ist doch abartig, dekadent, mit nichts mehr zu entschuldigen. (Die armen hungernden Kinder in Äthiopien und Somalia!) Um mich herum griffen Hände zu und rissen Käsepackungen aus dem Regal. Sie merken gar nicht, flüsterte das Elend, wie sie auf die Verführung hereinfallen. Wie gierig sie sind, den besten Käse zum besten Preis zu ergattern, obwohl sie doch wissen müssen, dass der Betreiber hier satte Gewinne macht! Gibt es nicht im Nachbardorf noch den kleinen Kramladen, wo man seit fünfzig Jahren eine zu bewältigende Auswahl vorgesetzt bekommt, dünne Scheiben, die von riesigen Laiben abgeschnitten und mit ein paar Bemerkungen zum Wetter überreicht werden? Die bunten Packungen verschwammen vor meinen Augen; ich war kurz davor, angesichts eines übervollen Käseregals in einem Supermarkt in Tränen auszubrechen.

Wir alle haben einen Bodensatz an Traurigkeit in uns. Und manchmal genügt ein Käse, um ihn aufzurühren.

Der Bodensatz besteht aus all dem Hinuntergesunkenen, Hinuntergeschluckten, Abgehakten, scheinbar Erledigten: aus den Abfallpartikeln unseres Lebens. Hier eine kleine Demütigung, dort ein abschätziger Blick. Ein Gelächter auf unsere Kosten. Eine Ungeschicklichkeit in einer feinen Gesellschaft, die Scham über das falsche Wort oder die unpassende Kleidung. Das Versagen in einem Wettbewerb, das Übergangenwerden bei einer Beförderung. Der Kontaktabbruch eines Freundes, völlig unverständlich und nie klärbar. Die Untreue unseres Partners, die wir durch Zufall erfahren. Der Tod der geliebten Katze. Ein Gerücht über uns, das jemand gestreut hat; wir kennen den Urheber, aber er leugnet. Eine Intrige, die unser Ansehen beschädigt.

Alltäglicher Schmerz, den jeder kennt. Manches ist einfach unerfreulich, manches erschüttert unser Selbstvertrauen zutiefst. Wir haben die Aussprache gesucht und vielleicht therapeutische Unterstützung; haben bei den scheinbaren Kleinigkeiten uns bemüht, *kein Theater zu machen*, denn wir sind gut erzogen und wollen niemandem auf die Nerven gehen. Wir haben uns *zusammengerissen*, sind *zur Tagesordnung übergegangen*. Es schien zu funktionieren: die Irritation, der Schmerz, das Unbehagen waren irgendwann aus unserem Bewusstsein verschwunden. Tatsächlich aber sind sie fein und lautlos in den Bodensatz gerieselt.

Das ist eine peinliche Entdeckung für einen Meditationsschüler. Sollte er nicht, als Frucht seiner langen Übung, heiter, lächelnd und federleicht durch seine Tage schweben, von Kummer ein für alle Mal befreit? Und dann bricht die Zen-Schülerin nach dreißig Jahren Praxis vor einem Käseregal im Supermarkt fast in Tränen aus! Was tut die kluge Zen-Schülerin in einem solchen Fall?

Sie geht nach Hause und isst ein Butterbrot.

Von dem Kind, das ich einmal war, hieß es: Sie ist leider eine Träumerin. Eine Beobachterin von Käfern und Ameisen, Atmosphären hingegeben, die Stimmungen anderer registrierend wie eine Wetterstation, folglich für das harte Leben und den Konkurrenzkampf ungeeignet. Allen war klar, dass aus diesem Kind nichts werden würde. So kam es dann auch, das Kind schrieb später nur ein paar ziemlich schmale Bücher. Schriftsteller aber sind Träumer von Berufs wegen, sie dürfen auch mit Sechzig noch Schneemännern Kochtopfhüte aufsetzen, barfuß durch Sommerpfützen waten und mit der Katze zu „Sultans of Swing" von Dire Straits tanzen.

Ich hatte mir meinen Beruf wie eine Tarnkleidung übergezogen und durfte fortan in Ruhe weiterträumen.

Aber wir alle sind Geschichtenerzähler, die meisten Menschen wissen es nur nicht. Wir glauben, die Wirklichkeit und die Wahrheit zu kennen, aber sobald wir zu sprechen beginnen, entfaltet sich ein Roman. Und die größte und phantastischste Geschichte, die wir erzählen, ist die vom eigenen Ich. „Weißt du, was mir gestern passiert ist?" – das ist der Anfang eines Romans. Denn das, was passiert ist, hat in der Zwischenzeit unsere Erinnerungen aufgestöbert, unsere Hoffnungen durcheinandergewirbelt, unsere Ängste aufgeweckt, ist im Bus zur Arbeit mehrfach bedacht und in der Rohfassung – die selbst schon nicht mehr authentisch war – dem Partner erzählt worden. Das Personal der Geschichte ist inzwischen gut herausgearbeitet worden, die Handlungsstränge laufen sauber und übersichtlich nebeneinander her, das Ganze hat einen Höhepunkt, auch wenn der Schluss noch fehlt, und die Geschichte hat auf einmal einen Sinn, vielleicht sogar eine Moral.

Auf diese Weise entsteht auch die Geschichte, die wir Ich nennen. Wir fügen ihr in jeder Minute neue Sätze hinzu, und wie gute Autoren polieren wir diese, damit sie für uns und andere lesbar werden, und fügen sie in das vorhandene Material – unsere erinnerte Vergangenheit, also die Rohfassung der Geschichte – an sinnvoller Stelle ein, sodass sie uns nicht über die Maßen irritieren.

Wer bin ich?

Ich weiß es nicht.

Die Roboterrobbe

Ein Fernsehbeitrag, nicht länger als zwei, drei Minuten. Eine neue erfolgreiche Erfindung wird in Japan vorgestellt, das ist sogar dem deutschen Fernsehteam einen Beitrag wert. Drehort ist ein Altersheim im japanischen Norden. Weil es auf einem Hügel liegt, wurde es vom Tsunami verschont. Das Haus blieb intakt, in diesem Fall verrichtete der Tsunami sein verheerendes Werk in der Psyche der Bewohner. Zu sehen sind zwei zarte alte Japanerinnen. Sie haben die kostbare Ausstrahlung von hauchdünnem Porzellan, ich hätte Angst, ihnen die Hand zu schütteln, sie könnten dabei zerbrechen. Jede der Frauen hält ein riesiges weißes Plüschtier im Arm. Eine Stimme aus dem Off erklärt, bei den Tieren handle es sich um die Roboterrobbe Paro, eine Neuentwicklung aus Japan, die den durch den Tsunami verstörten Altenheimbewohnern die Angst nehmen solle. Eine der Frauen sagt leise etwas in die Kamera, die Reporterin übersetzt: „Paro gibt mir Trost. Wenn ich ihn im Arm halte, habe ich weniger Angst." Das riesige Plüschtier tapst währenddessen mit dicken Pfoten in automatischer Gleichmäßigkeit auf den Schultern der Frau herum, die ihren Kopf nur mühsam freihalten und der Kamera entgegenstrecken kann. In Großaufnahme wird dann das leere dumme Robbengesicht aus Acrylgewebe gezeigt, in dem die dicht bewimperten Augen, gesteuert von einer kleinen Maschine in seinem Bauch, auf- und zugeknipst werden. Sollte man ihnen nicht eine Katze geben, einen Hund, wenigstens einen kleinen Hamster? Sollte sie nicht jemand besuchen? Sollte ihnen der Besucher nicht sagen, dass sie, während ein Automat auf ihnen herumtatscht, langsam verstrahlt werden, vom Wind, der aus Fukushima weht, und vom Gemüse auf ihrem Teller?

Die Firma, die Roboterrobbe Paro herstellt, hat ihre Umsätze seit dem Tsunami gesteigert. Auch in deutschen Altersheimen wird, lese ich, der Einsatz von Paro erwogen. Diese Robbe ist für Altersheimbetreiber verständlicherweise unwiderstehlich. Sie macht keinen Lärm und keinen Schmutz, ersetzt die lästigen Besucher, und mit diesem Brocken im Arm hat keiner mehr eine freie Hand, um nach dem Personal zu klingeln.

Die Anschaffung wird sich zweifellos nach kurzer Zeit amortisieren.

Regen in der Eifel

Eine Woche in den Zenklausen in der Eifel. Ich habe ein kleines Haus nur für mich, mit Küche und Bad und einer Galerie mit Meditationsplatz. Ein Luxus, den ich mir eigentlich nicht leisten kann, aber ab und an muss man mal über seine Verhältnisse leben und das Gefühl von sorgloser Üppigkeit herstellen.

Es regnet.

Ein feiner Regen wie ein Gewebe, eine stoffliche Nässe, die sich um einen legt, sobald man aus dem Haus tritt. Der Regen flüstert die ganze Nacht vor dem offenen Fenster. Manchmal schreit irgendwo ein Käuzchen, ansonsten ist es absolut still.

Morgens esse ich mein Müsli und gehe hinunter zum Zendo, eingewickelt in die Regenjacke, einen nutzlosen Schirm über mir. Auf der Weide stehen am Waldrand aneinandergedrängt die Schafe und schauen bewegungslos in die Landschaft. An den Wollfäden unter den Bäuchen hängen Regenperlen. Der Zendo ist warm. Ich nehme immer denselben Platz, der großen Glastür gegenüber, mit Blick auf Garten und Wald. Ein paar andere Gäste kommen, irgendwann auch Judith und Adelheid, die beiden Leiterinnen. Wir sitzen in einer Stille, die tiefer ist als die Stille in einem Zendo in der Stadt. Eine Land-Stille, nein: eine Eremiten-Stille, wie sie Einsiedeleien umgibt. Eine Stille, die hält, auch als vor dem Haupthaus der Gärtner mit seinem Wagen vorfährt.

Eine Ahnung von Licht hängt am Himmel und dringt durch den Dunst. Ich pflücke im Auftrag der Köchin nasse Johannisbeeren. Später hole ich mein Mittagessen im Henkelmann ab und finde meine Johannisbeeren im Pudding wieder. Essen. Schlafen. Schreiben. Gehmeditation im Wald. Abendmeditation.

Nachts der flüsternde Regen. Das Käuzchen.

Nichts ist selbstverständlich, notiere ich in mein Notizbuch.

Ich habe mir vom Routenplaner im Internet die beste Strecke hierher suchen lassen, den Koffer gepackt, das Auto betankt, Brote für unterwegs gemacht, Äpfel und Möhren mitgenommen. Ich habe meine Reise gut geplant. Aber in jedem Moment, wie ein stets mitlaufender Unterton, ist da das Bewusstsein: Nichts ist selbstverständlich. Nicht, dass mein alter Wagen durchhält. Nicht, dass ich wohlbehalten ankomme. Nicht, dass die Sonne scheint. Nicht, dass mein Aufenthalt hier mich glücklich macht oder mir neue Erkenntnisse schenkt.

Ich habe kein Radio, keinen Fernseher, keine Zeitung, keinen Computer, kein Telefon und keinen Handyempfang. Ich bin so herrlich frei, wie man heute gerade noch sein kann. Es gibt hier keine Vorhersage, die den Regen zu Wetter machen und sein Ende versichern würde. Deshalb verpasse ich den Regen nicht und nicht den Dunst, der jetzt aus den Wiesen steigt, das fahle Licht und, als ich das Küchenfenster öffne, den Geruch des Holzfeuers aus einem der Klausenkamine.

Vor der Terrassentür hüpft eine Amsel über den Kies, ein Specht klopft irgendwo sein Mittagessen aus einem Baum.

A.

Ich kann ihm nicht entrinnen, es begegnet mir an jeder Ecke. Wo immer ich hingehe, das Wort ist schon da. Hat sich niedergelassen, es sich bequem gemacht, ich komme an ihm nicht vorbei. Es ist dicker geworden, scheint mir, hat zu viel Bedeutung angesetzt, vielleicht ist es auch einfach nur aufgeblasen. Es kommt (aber ich merke schon, ich bin voreingenommen) penetrant rechthaberisch daher. Angeblich ist das, was es bezeichnet, das Heilmittel für alle Krankheiten, die Lösung für alle Probleme, es kann schlichtweg alles. Das erzeugt bei sensiblen Menschen zwangsläufig einen Widerwillen, einen kaum noch zu überwindenden Überdruss, sodass immer mehr Menschen sich weigern, das Wort weiterhin zu verwenden, obwohl auch sie einst von dem, wofür es steht, überzeugt waren und es wahrscheinlich immer noch sind. Aber in den Mund nehmen, nein, in den Mund nehmen wollen sie es eigentlich nie wieder, das Wort Achtsamkeit.

Ein paar Titelformulierungen aus der großen Buchhandlung:

Schlank durch A. – A. als Schritte zur seelischen Gesundheit – Stressbewältigung durch A. – Das Wunder der A. – A. für Anfänger – A. für Psychotherapeuten – A. für Manager – A. für Dummies – A. in der Partnerschaft – A., der Weg zu innerer Freiheit – A. als Weg zur Selbstliebe – A. als Weg durch die Depression – Die A.-Formel-Diät – A., die Zigarettenpause für Ihren Geist

Informieren diese Bücher darüber, dass nach der buddhistischen Lehre Achtsamkeit (*Sati*) eine der „Fünf Fähigkeiten“ ist, die durch intensive Übung zu den „Fünf Kräften“ werden, nämlich Vertrauen, Tatkraft, Sammlung des Geistes, Verstehen und Achtsamkeit? Dass alle fünf ineinander verwoben sind und einander unterstützen, und dass, wenn auch nur eine dieser Fähigkeiten schwach entwickelt ist, der Praktizierende in seiner Übung wie in seinem Alltag kraftlos ist?

Erläutern diese Bücher, dass Achtsamkeit einer der „Sieben Faktoren des Erwachens“ ist und zusammen mit Tatkraft, Freude, Geistesruhe, Sammlung, Gleichmut und Studium der Lehre das Erwachen jedes Menschen jederzeit möglich machen können? Dass aber alle Faktoren zusammengehören, keiner vernachlässigt oder unterschätzt werden darf, weil jeder die jeweils anderen nährt und unterstützt?

Weisen diese Bücher darauf hin, dass Achtsamkeit eines der Glieder des „Edlen Achtfachen Pfads“ ist, der Grundlage für den Weg des Praktizierenden mitten im Alltag? Dass jedes der Glieder dieses Pfades ein Adjektiv mit auf den Weg bekommen hat, wie eine kleine Lampe, die es genau beleuchtet, oder eine Glocke, die den Praktizierenden darauf hinweist, noch tiefer hinzuschauen, noch tiefer zu begreifen, worum es hier geht? Was also ist rechte Anschauung, rechtes Denken, rechte Rede, rechtes Handeln, rechter Lebenserwerb, rechte Anstrengung, rechte Sammlung und rechte Achtsamkeit?

Recht in diesem Zusammenhang meint nicht, gemäß einer Überlieferung zu handeln oder einem Gebot zu folgen. Es ist auch nicht dasselbe wie objektiv richtig oder vernünftig, und mit Recht und Gesetz hat es schon gar nichts zu tun. Es ist überhaupt keine Eigenschaft, nichts, was ein für allemal feststünde. *Recht* ist ein Anruf, eine Mahnung an den Praktizierenden, nach Wahrnehmung und Beachtung aller Umstände und Faktoren eine heilsame Antwort auf die jeweilige Situation zu geben.

Wenn diese Bücher solche Fragen stellen, sind es gute Bücher. Die Verlage sollten aber vielleicht bei einer Neuauflage über seriösere Titelformulierungen nachdenken.

Einige Bücher in die Unibibliothek zurückgebracht. Vor dem Ensemblehaus des Freiburger Barockorchesters nebenan werden gerade unförmige Instrumentenkoffer in den Laster einer Speditionsfirma geladen. Im Vorbeifahren lese ich auf einem Cellokasten den Aufkleber mit dem Bestimmungsort: New York!

Ich habe den falschen Beruf.

AUGUST

Blick

Das Licht sucht ein Auge.

Die Welt will sich sehn.

Die kleinen Fliegen sind da. Wie alle Kinder sind sie eine Herausforderung an die Geduld. Anscheinend bringt ihnen keiner bei, wie man sich als Fliege zu verhalten hat. Sie probieren einfach mal aus, was so geht. Der lesende Mensch auf dem Sofa ist schön ruhig und warm, auf den setzt man sich als Fliege gerne. Im Haar kann man Verstecken spielen, und er hat ein paar Öffnungen am Kopf, in denen ist es noch wärmer. Und wenn der Mensch gerade Luft holt, während man sich in das Nasenloch begibt, wird man mit Turbogeschwindigkeit in das Innerste der warmen Höhle gesaugt. Das macht viel Spaß. Der Fliege.

„Ein Baum, der fällt, macht mehr Krach als ein Wald, der wächst." (Tibetisches Sprichwort)

Ich war schon immer der Meinung, dass am ehesten die Dichter fähig sind, annähernd stimmig über die Wirklichkeit zu sprechen. Ich muss mich etwas überwinden, das Wort *Dichter* hinzuschreiben; man benutzt es schon lange nicht mehr, es klingt verdächtig nach Weltabgewandtheit und Elfenbeinturm. Wie angenehm sachlich ist da doch das Wort *Lyriker*: Ein Handwerker tritt uns entgegen, so etwas wie ein Schreiner der Worte; der Mensch versteht, so nehmen wir an, seinen Job, und deshalb dürfen wir seinen Produkten vertrauen. Wie dem Stuhl des Schreiners, auf den wir uns ja auch vertrauensvoll setzen.

Ein Dichter dagegen verstört. Sein oder ihr Blick scheint irgendwie anders eingestellt als unserer; er dringt tiefer in die Dinge hinein, und manchmal schaut er um Ecken, die wir als Ecken gar nicht bemerkt hatten. Das uns angenehm Vertraute hat sich unter diesem Blick verwandelt, um eine Nuance nur, aber diese irritiert. Am meisten verunsichert die Sprache. Wir kennen die Bedeutung jedes einzelnen Wortes, aber die Dichterin hat sie auf neue Weise zusammengefügt. Das ganze Gedicht ist wie ein Gebäude, in dem die Statik auf feine Weise verschoben wurde. Das ist aufregend und beängstigend. Und uns kommt der Verdacht, dass die Bedeutung dessen, was gesagt werden soll, nicht einmal in den Worten selbst liegt, sondern in den Räumen der Leere zwischen ihnen.

Die wenigsten Lyriker sind Dichter. Aber manchmal begegne ich einem Dichter, wo ich ihn nie vermutet hätte, zum Beispiel im Max-Planck-Institut in München.

Der Wald ohne Bäume

Es war ein schwüler Tag, das Fenster stand offen, und über die Ungererstraße vor dem Münchner Werner-Heisenberg-Institut donnerten die Lastwagen. Dieses Gespräch zu führen erforderte Mut, denn ich bin für Naturwissenschaften nicht begabt und hatte nur einen rudimentären Physik-Unterricht in der Schule. Aber für ein Rundfunk-Feature über die Frage „Wie viel Freiheit haben wir wirklich, um unser Leben zu gestalten?", wollte ich unbedingt ihn interviewen, den Quantenphysiker Professor Hans-Peter Dürr.

Ein paar Jahre zuvor hatte ich einen Vortrag von ihm in Freiburg gehört. Der Saal war wegen Überfüllung geschlossen worden, aber Hans-Peter Dürr wollte die Menschen, die noch Einlass begehrten, nicht abweisen, und so wurde eine Übertragung ins Foyer organisiert. Dort saß ich auf dem Boden, den Rücken an einen Garderobenständer gelehnt, und schrieb mit. „Wir erleben ja mehr, als wir begreifen", stand hinterher in meinem Notizbuch, und: „Man hat immer angenommen, dass unsere Wirklichkeit eine Realität ist. Aber Realität kommt vom Lateinischen *res*, das Ding. Also etwas, das man in die Hand nehmen, untersuchen und begreifen kann."

Das Zen würde dieser Aussage sofort zustimmen. Jeder Versuch, den Fluss des Lebens zu ergreifen, ist zum Scheitern verurteilt. Quantenphysik bestätigt viele der Aussagen, die der Buddha vor fast 2600 Jahren machte, und bedeutende buddhistische Lehrer wie der Dalai Lama oder sein enger Mitarbeiter Matthieu Ricard, der einst eine glänzende Laufbahn als Naturwissenschaftler aufgab, um buddhistischer Mönch zu werden, interessieren sich seit Jahrzehnten für die Quantenphysik.

Wie aber kam die Physik zu dieser Erkenntnis? Im Werner-Heisenberg-Institut deutete Hans-Peter Dürr auf den Tisch, auf dem das Aufnahmegerät stand. Die Physiker, sagte er, hätten sich die Frage gestellt: Wie kann man die Form (hier der Tisch) von der Materie (hier das Holz) so ablösen, dass man reine Materie bekommt. Also verkleinerten sie die Materie immer weiter, bis die Materie verschwunden war, und dann sei die Überraschung gekommen: „Die Materie war verschwunden, aber die Form war geblieben. Jetzt konnte man nicht mehr sagen, die Welt besteht aus einem greifbaren Fundament. Nein, man musste sagen: Es ist eigentlich nur die Form da, das Dazwischen."

Ich bat den Ulmer Physiker Bernhard Schiekel, der auch mit der buddhistischen Geisteswelt vertraut ist, mir diese Aussage zu erklären. Er sagte: „Die Vorstellung von Materie als einem lokal begrenzten Ding stimmte nicht mehr mit den Experimenten überein. Stattdessen zeigen sich die Elementarteilchen als im Raum ausgedehnte Energiefelder, die zudem in einer permanenten innigen Wechselwirkung mit dem Vakuum stehen. Dieses ‚Vakuum' der Quantenphysiker ist nun aber ebenso wenig ‚leer' wie die ‚Leerheit' der Buddhisten und das ‚Dao' der chinesischen Daoisten, sondern geradezu ein brodelnder Urgrund, über dem sich unsere wahrnehmbare Raum-Zeit entfaltet. Immer wieder springen sogenannte ‚virtuelle' Teilchen-Felder aus dem Vakuum heraus, stoßen an die ‚realen' Teilchen-Felder in unserer Raum-Zeit und fallen wieder zurück ins Vakuum."

In den Jahrzehnten meiner Zen-Praxis habe ich vermutlich hundert Mal das Herz-Sutra, das *Prajnaparamita-Hridaya-Sutra*, rezitiert: „Form ist Leerheit, Leerheit ist Form. Form ist nichts anderes als Leerheit, Leerheit ist nichts anderes als Form." Was wir seit einigen Jahren im Deutschen mit „Leerheit" übersetzen, wurde früher als „Nichts" bezeichnet; ein Begriff, der für viel Verwirrung sorgte und dazu beitrug, dem Buddhismus den Ruf des Nihilismus einzutragen. Die Leerheit aber ist das Gegenteil dessen, was wir mit Nichts assoziieren: Sie ist das unendliche Potenzial, das Reservoir aller Möglichkeiten. Die Möglichkeit aller Formen ist in der Leerheit bereits vorhanden, umgekehrt aber ist jede Form im Tiefsten „leer": Ohne eigenständige Existenz, weil sie verbunden ist mit allen anderen Formen, und alle Formen zudem in unaufhörlicher Veränderung begriffen sind. Ich stelle mir klassisch ausgebildete Physiker vor, die gerade die Leerheit entdeckt haben.

Hans-Peter Dürr erzählte, wie schwierig es war, sich das „Dazwischen" vorzustellen, ohne dass zwei Pole da sind, die ein „Dazwischen" erst ermöglichen würden. Er forderte mich auf, mir einen Wald vorzustellen, in Gedanken alle Bäume rauszunehmen und zu schauen, was übrig bleibt. „Da sagt natürlich jeder: Nichts bleibt übrig. Das Dazwischen ist ja nur der Raum, in dem sich die verständigen, die voneinander getrennt sind. Aber jetzt hat man festgestellt, dass eigentlich nur das Dazwischen da ist. Das heißt, die Verständigung ist da, bevor es das Eine oder das Andere gibt. Es ist nur Verbindung da."

Wie denkt man so etwas: Nur-Verbindung, ein Dazwischen ohne Pole, die Verbindung eigentlich erst möglich machen? Wir haben Mühe mit dieser Aussage, weil unsere indogermanischen Sprachen dieses Fließende, Offene nicht ausdrücken können. Unsere Syntax beruht auf einer Subjekt-Objekt-Spaltung: Das Ich (das es, buddhistisch gesehen, als eigenständige Wesenheit ohnehin nicht gibt) sieht, hört und erlebt „etwas“. Das Ich und das Gesehene und Gehörte sind zwei verschiedene Instanzen. Und „mein“ Ich und „dein“ Ich sind zwei getrennte Wesen, die einander vielleicht zuwinken können, im besten Fall zuhören und sogar verstehen, die aber (behauptet die Syntax unserer Sprache) niemals fähig sind zu erfahren, dass sie im Tiefsten eins sind. Sprache konditioniert unser Denken, und deshalb erschwert die Syntax unserer indogermanischen Sprachen nicht nur den Ausdruck einer Erfahrung, die Mystiker aller Religionen seit Jahrtausenden machen – sie erschwert sogar die Erfahrung selbst. Wir können uns nicht vorstellen, solch eine Erfahrung machen zu können, weil wir keine Sprache dafür haben. Aus diesem Grund haben sich die Physiker zur Beschreibung ihrer immer wieder paradox erscheinenden Quantenphänomene eine ganz eigene mathematische Sprache geschaffen.

Es war warm in dem kleinen Büro, das Fenster stand offen, und hinter den Bäumen donnerten die Lastwagen auf der Ungererstraße stadtauswärts. Ich wusste, auf dem Band würden später Hupen und quietschende Bremsen zu hören sein, und der Techniker würde stöhnen, weil er Hintergrundgeräusche nicht herausschneiden kann. Mitten in einem Satz wurde eine Tür im Haus zugeschlagen, und dann schrillte nebenan das Telefon. Ein gewöhnlicher Donnerstagnachmittag im Werner-Heisenberg-Institut für Physik in München. Und nur die Aufnahme würde später die Gleichzeitigkeit all dieser Geschehnisse zeigen. Was immer ich über diesen Nachmittag schreiben könnte, es würde unweigerlich die Gleichzeitigkeit in ein Nacheinander zerhacken.

In der japanischen Sprache, die keine Subjekt-Objekt-Spaltung kennt, wird ein Geschehen zwischen zwei Menschen in einer Art Verbform ausgedrückt: *Lieben-ereignet-sich* könnte man das unvollkommen übersetzen. Und von Vietnamesen habe ich erfahren, dass Vietnamesisch eine Beziehungssprache ist. Wenn jemand von sich selbst spricht, sagt er *toi*, wo wir *ich* sagen würden. *Toi* aber bedeutet „dein Diener". Man spricht auch den Anderen nicht einfach mit *du* an, sondern benennt ihn nach der Beziehung, in der man zu ihm steht: *Jüngere Schwester* oder *Älterer Bruder* oder *Onkel.* Hans-Peter Dürr, der auch in Asien ein gefragter Referent ist, fand dafür ein passendes Bild: „Die fernöstliche Kultur orientiert sich am Wasser, ihre Sprachen haben eine fließende Beziehungsstruktur."

Ihre Sprachen wissen, dass das „Dazwischen" der Bereich ist, der zählt.

Der Sufi-Lehrer Reshad Feild, der auch Geomant ist, schickte uns einmal während eines Seminars hinaus in den Wald mit der Aufgabe, die Materie auszublenden und nur die Zwischenräume wahrzunehmen. Also nicht den Baum zu sehen, sondern das, was die Bäume verbindet. Diesen Zwischenraum nannte er die „Matrix des Lebens", die unendliche Möglichkeiten enthielte und aus der alle Erscheinungen, die wir sehen und greifen können, entstünden. Wir seien im Allgemeinen nur fähig, die Erscheinungen zu sehen, er dagegen wollte uns lehren, die ununterbrochene Schöpfung aus der Matrix wahrzunehmen.

Ich habe damals die Matrix nicht gesehen, aber etwas verstanden, was mich genauso glücklich machte: Die Matrix des Sufismus, die Leerheit des Buddhismus, das „Dazwischen" der Quantenphysik und der Raum zwischen den Worten in einem Gedicht – sie alle erzählen von dem, was den sichtbaren Erscheinungen zugrunde liegt, was sie entstehen und vergehen lässt.

Professor Hans-Peter Dürr fügt diesem Symbol eine weitere Dimension hinzu. Er wählt für die Matrix, das Dazwischen, die Leerheit, einen anderen Begriff: die Liebe. „Am Anfang war die Liebe", sagte er irgendwann in unserem Gespräch. Eine fast christlich klingende Aussage, und ich fragte ihn, ob in den Erkenntnissen der Quantenphysik eigentlich Platz sei für die Instanz „Gott“, und wenn ja, welche Eigenschaften er oder sie besäße. Das werde er öfter gefragt, sagte er, und daraufhin frage er immer: Welche Farbe hat ein Kreis? Ist er blau, rot, grün? „Dann ziehen alle ihren Kugelschreiber heraus, nehmen ein Blatt Papier, malen einen Kreis und sagen: Er ist blau. Ja, in dem Augenblick, wo du den Kreis malst, hat er eine Farbe, die kommt aber vom Kugelschreiber, nicht vom Kreis. Die Eigenschaft Farbe macht für den Kreis keinen Sinn.“

„Ja, das verstehe ich“, sagte ich. „Ich hatte aber nach Gott gefragt …“

„Ich sage: Am Anfang war der Kreis“, sagte Hans-Peter Dürr. „Gott ist Etwas – in dem Augenblick, in dem du versuchst, es auszusprechen, bist du schon falsch. Weil es eben etwas ist, das nicht greifbar ist. Und deshalb müssen wir vermeiden, über die Dinge zu reden, die am Anfang sind, und nicht das Gefühl haben: Ich bin zu blöd dazu. Es passt nicht in unsere Sprache hinein, denn unsere Sprache ist an unseren Sinnen orientiert.“

Zum Abschied sagte er: „Gottvertrauen ist nichts anderes als das Bewusstsein, dass wir Teilhabende sind am Ganzen.“

Wie viel Freiheit also hat der Mensch bei der Gestaltung der Zukunft, wenn er Gottes Mitarbeiter ist?

Glücksmoment

Die sich unablässig gegen die Scheibe werfende Fliege mit Hilfe von Becher und Karton gefangen und ihren Flug durch den lavendelfarbenen Morgenhimmel verfolgt, ein kleiner und kleiner werdendes Pünktchen.

Die furchtbare Stille

Michelle Martin, die Ex-Frau und Komplizin des belgischen Kindermörders Marc Dutroux, war der Lockvogel, der die Mädchen für den Mörder fing; als er bereits im Gefängnis saß, ließ sie zwei von ihnen im Keller verhungern. Jetzt ist sie nach 16 Jahren Haft vorzeitig aus dem Gefängnis entlassen worden. Die Klarissen des belgischen Klosters Malonne haben sich bereit erklärt, sie aufzunehmen. Als die Frau in der Nacht in einem Wagen mit dunkel getönten Scheiben vor dem Klostertor eintraf, standen Dutzende aufgebrachter Belgier vor dem Tor. Eine Dorfbewohnerin rief, nie wieder könne man jetzt seine Kinder unbeaufsichtigt auf die Straße lassen. Ein rechtspopulistischer flämischer Politiker rief auf Twitter dazu auf, die Frau zu ermorden. In Internetforen toben sich Menschen aus im Namen der Gerechtigkeit, die sie mit Rache verwechseln. Eine Frau schreibt, sie habe immer geglaubt, Nonnen würden Gutes tun; das glaube sie nicht länger. Polizisten werden abgestellt, um das Kloster rund um die Uhr zu bewachen: der Bürgermeister befürchtet Ausschreitungen.

Die Äbtissin des Klosters hat eine kurze Mitteilung für die Presse verfasst: „Michelle Martin ist ein Mensch wie wir alle und fähig zum Guten wie zum Bösen. Wir glauben daher, dass wir nicht leichtfertig handeln, wenn wir das Beste von ihr erwarten."

Michelle Martin wird arbeiten wie eine Nonne. Sie wird sich im Klostergarten über die Kräuterbeete beugen, um Minze, Thymian und Salbei vom Unkraut zu befreien. Wird Äpfel und Pflaumen ernten, die Rosen winterfest machen und im Frühjahr jäten, säen und setzen. Sie wird in der Wäscherei die Trommeln füllen und wieder leeren, wird mangeln, bügeln und Löcher flicken. Sie wird in der Küche Karotten, Kartoffeln und Gurken schneiden, Soßen anrühren und riesige Töpfe von einer Flamme auf die andere hieven. Sie wird zu den vorgeschriebenen Zeiten in der Kapelle erscheinen und, wie die Nonnen, beten und singen.

Keine verschlossene Zellentür, kein Wärter, keine klirrenden Schlüssel, keine Gitter vor den Fenstern. Nur die Stille. Beim Kochen, Waschen, Jäten: die Stille. Morgens, wenn die Nebel noch über dem Garten liegen, und mittags nach dem Essen. Abends in der Kapelle, im Refektorium und, jenseits der Klostermauern, im Dorf: die Stille. Kein sichtbares Zeichen von Bestrafung, nur die Stille. Unentrinnbar.

Die Stille, die furchtbar ist, wenn es etwas in einem gibt, das man fürchten muss.

Vielleicht ist dies das Beste, was die Klarissen von Michelle Martin erwarten: Dass sie das, was sie getan hat, anschaut und zum ersten Mal begreift. Und dann, wenn sie es begriffen hat, aushält. In der Stille, der sie nie wieder entkommen wird, aushält.

Ein Hochsommermorgen. Die Nachtkühle noch in allen Zimmern. Auf der Rose verdampft schon der Tau. Am Horizont die Berge, umhüllt vom Morgendunst, auf dem Dach die monotonen Rufe der Tauben. Bald werden in allen Häusern die Fensterläden zugeklappt, die Rollläden heruntergelassen. Die Hitze wird die Herrschaft in der Vorstadt übernehmen.

Das Vier-Phasen-Modell

Vor zwei Wochen habe ich beim Sitzen auf dem Kissen das Vier-Phasen-Modell entdeckt. Die einzelnen Phasen sind jedes Mal unterschiedlich lang (sie können durchaus Jahre dauern), sie halten auch nicht immer die Reihenfolge ein, wechseln sich ab auf immer wieder andere Weise, deshalb kam ich so lange nicht drauf. Aber besteht nicht jede Sitzperiode aus allen vier? Und nur die Sitzperioden? Nicht auch ein Fest, eine Begegnung im Zugabteil, ein Arbeitsprojekt, eine Freundschaft, eine Ehe?

Phase 1: Sich einsitzen

Den richtigen Platz für die rechte Ferse auf dem linken Oberschenkel suchen. Oder heute lieber die linke Ferse auf den rechten Oberschenkel? Jeder Tag erfordert einen kaum merkbar anderen Winkel, den optimalen Bequemlichkeitswinkel. Liegt das Knie bequem auf der Matte? Nicht noch ein kleines Polster unterschieben? Den Oberkörper aufrichten, den Bauch weich nach vorne fallen lassen. Sind die Schultern locker? Wohin mit den Händen heute, auf die Oberschenkel? Ins Zen-Mudra vor den Unterbauch gelegt? Hoffentlich klingelt das Telefon nicht. Ein paar Mal tief durchatmen. Darf man durchaus hören, es hat ja noch nicht angefangen. Die Augen halb schließen, auf den Boden legen. Ist der Atem schon tief im Unterbauch angekommen? Wenn nicht, noch ein paar Mal probeatmen, ein und aus. Da ist noch eine kleine Verspannung im Nacken, also den Hals mal kurz wenden, von links nach rechts. Alles ruhig, alles still, jeder Körperteil zufrieden? Jetzt fängt sie an, die Meditation.

Phase 2: Gemecker

Da sind Stimmen. Vorher waren sie nicht da, wo kommen sie plötzlich her? Sie haben an allem etwas auszusetzen. Es ist zu still, das Kissen ist zu hart, die Luft ist zu schlecht. Sie schlagen andere Unternehmungen vor, die lohnender wären, lustiger, befriedigender. Sitzt ein anderer daneben auf seinem Kissen, dann schnauft der zu laut, riecht nach Knoblauch, ist überhaupt in jeder Hinsicht der Falsche. Behaupten die Stimmen. Wer ist verantwortlich für den Lärm, wer ist hier zuständig? Wer sagt den Stimmen, sie sollen den Mund halten, wer schickt sie vor die Tür? Es muss doch jemand zuständig sein! Das Beste wäre, aufzustehen und zu gehen. In einer Minute. In zwei Minuten. Nur noch ein paar Atemzüge, dann aufstehen und gehn.

Phase 3: Nirwana

Endlich Stille. Einfach so. Nicht drüber nachdenken, warum und wie, einfach fließen. *I am sailing.* Segeln. Durch die Stille. Ganz hoch oben. Und die Welt ganz klein und weit unten. Nie wieder landen. Für immer segeln. Atmen. Stille ....

Phase 4: Zurück im Alltag

Was, schon halb neun? Schnell den Computer hochfahren, die E-Mails prüfen, und was gibt es Neues in der Welt? Es regnet, auch das noch. Und die Stiefel sind beim Schuster. Der Kühlschrank ist leer, der Geldbeutel auch. Zur Post, zur Bank, zur Apotheke, auf den Markt. Und jetzt klingelt das Telefon.

Eis essen mit Mimi

Phase 1

- Abba da fahrn wir mit dem Skuhter, nich, Margrit, und ich nehm die Hello-Kitty-Tasche und das Handtuch mit der Kitty mit, und den Schirm, ich hab nen neuen Schirm mit der Kitty, hat mir der Opa geschenkt, hast du gesehn?
- Aber du brauchst doch keinen Schirm, um Eis essen zu gehen!
- Doch, brauch ich, wenn das Eis dann tropft, bei den Leuten tropft das Eis doch immer so, die können ja kein Eis essen, und

dann kann ich den Schirm aufspannen, is doch praktisch. Oder als Sonnenschirm, geht auch als Sonnenschirm.

- Also gut, aber den Scooter brauchen wir nicht, wir nehmen meinen Wagen.
- Ich mag dein Auto nich, das is so klein. Ich nehm den Skuhter und du läufst.
- Steig ein und schließ den Sicherheitsgurt!

Phase 2

- Du kannst dich da hinstellen, da is Schatten.
- Die Lücke ist aber zu klein, in die passt der Wagen nicht rein.
- Man muss halt einparken können, sagt der Papa immer. Muss man halt können, nich? Och, is das ein kleiner Eisladen. Ham die auch Schokolade-Schips-mit Kuchen-drin-Eis?
- Hm? Was ist das denn für eine Sorte?
- Was, du kennst nicht Schokolade-Schips-mit-Kuchen-drin-Eis? Kennt doch jeder, ham wir auch in der Kita. Also, das musst du abba kennen!
- Ich esse Himbeer-Sorbet.
- Ich will kein Himbeer. Die ham hier abba wenig Eis. Am Bahnhof gibts einen Eisladen, der hat hundert Sorten. Zweihundert!
- Du kannst dich hier nicht vordrängeln. Komm, wir stellen uns hinten an.
- Ich will abba wissen, was ich nich will, sonst nehm ichs dann nämlich und mags dann nich. Boah, du nimmst zwei Kugeln mit Sahne? Da wirst du abba dick. Ich glaub, ich will Zitrone und Nuss und Banane und Schokolade.
- Zwei Kugeln, Mimi. Mit Sahne, wenn du willst.
- Abba so teuer is das nich, das Eis. Nich so teuer wie deine vielen Bücher. Die Mama sagt immer, sie weiß nich, wie man so viele Bücher lesen kann wie du. Is doch langweilig. Ich nehm Erdbeer und Nuss.

Phase 3

- Hmm, guuuut. Gaaanz gut.
- Ja, richtig gut hier das Eis.
- Und schöööن kalt. Hmm.
- Und was für ein Glück, dass wir den letzten freien Tisch bekommen haben.
- Ja, Glück muss man ham, nich? Darf ich mal lecken bei dir?
- Ja, darf ich auch bei dir?
- Hmm, guuut. Und die Tüte kann man auch essen. Die ess ich jetzt auf, die Tüte.
- Ich ess meine auch.
- Ich will, dass noch zwei Jahre Sommer is. Zehn Jahre! Nur Sommer!

Phase 4

- Das war abba wenig. Und so schnell weg. Jetzt könn wir noch an den Bahnhof fahrn, wos so viele Sorten gibt.
- Nein, jetzt fahren wir nach Hause.
- Abba die ham sicher Schokolade-Schips-mit-Kuchen-drin-Eis. Das musst du mal probiern, das is cool. Besser als Erdbeer. Ich hätt doch lieber Schokolade wollen. Oder Zitrone.
- Vergiss deinen Schirm nicht!
- Und siehst du, wie heiß es jetzt in dem Auto is? Ich habs dir gleich gesagt. Der Papa hat eine Heizung, die kann auch kalt. Ganz kalt, wenn er will.
- Wir machen das große Schiebedach auf.
- Is abba kein richtiges Kabrio, dein Auto. Morgen gehn wir in den Eisladen an den Bahnhof, der Papa und ich. Du musst ja nich mit, wenn du nich willst.

Über die Wiese stakst ein Storch, als würde er ein Kind nachmachen, das über die Wiese stakst, als wäre es ein Storch.

SEPTEMBER

Sommers Ende

Und wieder den Sommer nicht bestanden.
Schneller als wir wuchs das Korn.
Zur Feier des Juli starb das Gras
den Himmel lobte die Lerche.
Die Nacht schlug uns mit Duft und Sternen.
Wir schliefen nie. Wir schliefen immer.

Es war die Rose die sich entfaltete
es war die Kapsel des Mohns die brach.
Wieder vor der Wärme geflohen
Schatten aufgestellt
und in der hohen Stille des Mittags
die Ewigkeit unverändert überlebt.

Um sechs Uhr morgens jetzt tiefe Dunkelheit. Es ist warm, der Sommer ist noch nicht gegangen. In der Ferne das Rauschen der Autos, die in die Stadt fahren. Der Wind kommt von Osten, ich höre die S-Bahn. Am unbeschrankten Bahnübergang ihr Warnruf wie der eines Uhus. Schuhuuu. Vor der Schlafzimmertür das weiche Plopp, mit dem der Kater vom Dach auf den Balkon springt. Er schiebt mit der Pfote den Moskitovorhang beiseite und betritt nach seinen Nachtausflügen wieder meine Welt. Sehr leise, sehr dezent. Die Kirchturmuhr schlägt. Ein Tag beginnt.

Ein Tag beginnt!

In der Schule von Thich Nhât Hanh gibt es eine Art Mantra, das unzählige Male vertont und gedruckt wurde und immer wieder rezitiert wird: *24 brand new hours lie before you.*

Vierundzwanzig brandneue Stunden liegen vor dir. Und zwar immer. In jedem Augenblick.

Die Stunden sind nicht nur neu, sie sind *brandneu.* Sie sind die Welt im Zustand der Unschuld, der allererste Tag. Ein Brand ist über die alten Stunden hinweggefegt und hat sie restlos vernichtet. Nach einem Großbrand bleibt uns gar nichts anderes übrig, als völlig neu anzufangen. Vom Alten ist ja nichts übriggeblieben. Wir krempeln die Ärmel hoch und beschließen, ein Haus zu bauen, einen Garten anzulegen, ein Mahl zu kochen. Solcher Art sind die vierundzwanzig Stunden, die vor uns liegen: weites, unendlich weites Land, das zum schöpferischen Erschaffen einlädt.

Aber mir gelingt es nicht, morgens um sechs begeistert aus dem Bett zu stürmen. Erst einmal muss ich den Traum der letzten Nacht sichern, seine Bilder in meinen Geist einscannen, die Worte, die in ihm gesagt worden sind, so lange wiederholen, bis sie sich im Tageslicht nicht mehr verflüchtigen. Denn der Traum wird später aufgeschrieben, gewendet und bedacht und in mein Tagesbewusstsein eingearbeitet. Dann muss ich den Kater daran hindern, mit seinen vom Dach rußigen Pfoten auf mein Bett zu springen, und wahrscheinlich denke ich als Nächstes daran, welch unangenehme Aufgaben an diesem Tag zu erledigen sind. Wenn ich die Füße auf den Boden setze, fällt mir wahrscheinlich ein, dass *24 brand new hours* vor mir liegen, oder doch immerhin sechzehn. Ein Tag, der mir noch keine Entschuldigung bot für Langeweile und Enttäuschung.

Erst wenn ich unter der Dusche stehe, begreife ich, dass das im Grunde eine ziemlich gute Nachricht ist: Ein Tag beginnt!

Glücksmoment

Auf meine Entschuldigung, ich hätte mich an der Bäckertheke wohl vorgedrängt, sagt die junge Mutter strahlend zu mir: „Nein, wir waren schon fertig, aber jetzt ist noch ein Wunsch aufgetaucht.“ Sie deutet auf ihr Kind, das mich ebenfalls strahlend ansieht, als wäre ich es, die ihm gleich seinen Wunsch erfüllen wird: ein Nusshörnchen!

Ein Morgen Ende September. Über dem Kandel geht die Sonne auf, an einem perlmuttfarbenen Himmel. Seit einer Woche ist keine Wolke zu sehen, makellose Sommertage reihen sich aneinander. Auf Balkonen und Terrassen erblühen noch einmal die Sonnenschirme, die Eiscafés sind überfüllt, in der frühen Abenddunkelheit hört man Gelächter und Gläserklingen aus den Gärten. Ein letztes Mal packen meine Nachbarn die Strandtaschen und fahren mit den Kindern an den Baggersee. Aus weit geöffneten Autofenstern fliegt Musik vorüber. Die Schritte sind rascher geworden, etwas vibriert in der Luft, eine Erregung, die vom Kalender nicht vorgesehen ist: Noch einmal ist Sommer geworden, richtiger, heißer Sommer. Ein Geschenk aus Wärme und Licht ist über dem Land ausgeschüttet worden, keiner hat es erwartet, jeder ist überwältigt.

In den Nächten aber macht sich schon der Winter bereit. Er fängt mit seiner Arbeit immer in den Nächten an, für die Nacht reicht die Kraft des Sommers nicht mehr. Er ist müde geworden, der Sommer, seine Arbeit ist getan. Was er jetzt noch leistet, ist der letzte kleine Rest, der Überschuss, der noch nicht für das Keimen, Blühen und Erwärmen verbraucht worden ist. Den Sommer in seiner vollen Kraft hatten wir gar nicht so recht wahrgenommen. Er war uns allen fast ein wenig lästig geworden mit seinen nicht enden wollenden hellen Abenden, den Mücken und dem Geschrei der Frösche, und die Wohnungen hat er natürlich viel zu warm gemacht, und die Wiesen hat er versteppt. Aber ein sterbender Sommer, dem der Winter im Nacken sitzt, ist ein anderer Sommer. Einer, der uns ein wenig Schmerz bereitet mit seiner tapferen Widerständigkeit, seiner Weigerung, abzutreten und dem kalten Alten das Land zu überlassen.

Der Winter meines Lebens macht sich bereit in den Nächten, in denen ich schlaflos liege und auf die Stille lausche. Die Stille in der Vorstadt nachts um drei ist absolut. Die Discobesucher sind heimgekehrt, die Früharbeiter noch nicht aufgebrochen. Die dritte Stunde der Nacht ist der Zustand zwischen dem Nicht-Mehr und dem Noch-Nicht; ich liege und lausche und weiß, das ist jetzt mein Leben. Nicht mehr jung und noch nicht alt.

Und morgen vielleicht die Sonne über dem Kandel, in diesem späten Sommer, der noch nicht abtreten will.

Eine Karte von Tobias: Er ist in Nepal, auf den „Spuren der großen Meister“, und wenn der Winter einsetzt, will er weiter nach Dharamsala, „um auch einmal mit dem Dalai Lama zu praktizieren“. Tobias ist vierundzwanzig, da darf man noch glauben, man werde irgendwo in Asien zwangsläufig über die Erleuchtung stolpern und als für immer Verwandelter zurückkehren oder, aber das denkt er den Eltern, meinen Freunden, zuliebe nur leise, sein Leben als Heiliger in einem asiatischen Ashram beschließen, viele Schüler zu seinen Füßen.

Ich würde ihm gern schreiben, dass ein Ashram der falsche Ort ist, um Asien und sich selbst kennenzulernen. Der ganz gewöhnliche Alltag genügt. Aber er hat dort keine Adresse und er würde es mir nicht glauben. Ich hätte es auch nicht geglaubt, als ich vor dreißig Jahren nach Indien fuhr.

Die Nacht in Bombay

Vier Hände schleiften mich über einen Marmorboden. Blaue und blassrosa Stücke Stein zogen unter meinen Augen hinweg, eine Landschaft von geschundener Schönheit. Die Hände hievten mich auf einen gepolsterten Tisch. Ein Gesicht erschien über mir, es war braun und jung. Der Mund sprach ein aufgeregtes Englisch, und ich verlor das bisschen Mut, das ich noch hatte. Er würde in seinem Eifer sein Bestes geben wollen und das Richtige zu tun versäumen, falls das Richtige etwas ganz Einfaches sein sollte. Seine ängstlichen Finger versuchten meinen Schmerz zu finden. „Did you vomit? What did you eat yesterday?“ Es ist nicht das Essen, und erbrochen habe ich auch nicht, sagte ich.

Ich erinnerte mich an etwas wie einen Zusammenbruch. In einer Art Park, umringt von aufgeregt gestikulierenden Indern, wo ich, zerrissen von einem unheimlichen Schmerz in meinem Bauch, mich mitten auf dem Weg zusammengerollt hatte. Ich erinnerte mich an eine Taxifahrt in rasendem Tempo durch finstere Seitenstraßen und an die beiden Engländerinnen, mit denen ich seit ein paar Tagen unterwegs war. Sie hatten mich zu einem Gebäude gebracht, das ich gerne auf der Stelle wieder verlassen hätte, wäre ich noch fähig gewesen, mich zu bewegen. Sie hatten mich dort an der Pforte abgeliefert wie ein Paket, das sie nicht länger mit sich herumschleppen wollten auf ihrer Reise, für die sie lange gespart hatten und die sie deshalb genießen wollten, jeden einzelnen Augenblick.

Er riss die Augen auf und rief: „Give me an answer, I want to help you!" Ich verstand nicht, warum er mich nicht verstand, und wiederholte den Satz. Dabei hörte ich mir selbst zu und begriff: Das Sprechen ging nur noch auf Deutsch. Er zog eine metallene Spritze auf von der Größe, die man bei Pferden benutzt, und stieß die Nadel in meinen Schenkel. Im Neonlicht gleißte ein Haufen Stahl, der Ventilator unter der Decke rührte die Hitze durch. Zwei Schwestern legten Scheren und Skalpelle handlich zurecht. Ihre schwarzen christlichen Schleier hingen schlaff wie gebrochene Flügel auf den Rücken. Draußen tobte die indische Nacht, Händler schrien, Kassettenrecorder quäkten. Der kleine Arzt war inzwischen auf Hindi in Verzweiflung gefallen. Vielleicht ist er nur die Nachtbesetzung, dachte ich, für die sie, wie bei den Nachtauslagen der Schmuckgeschäfte, die zweite Wahl einsetzen. Vielleicht ist er auch nur für eindeutige Fälle ausgebildet.

Er packte mein linkes Knie und schrie in mein rechtes Ohr, ich solle mein Bein anwinkeln. Ich zuckte wegen der Lautstärke zusammen. Er nickte befriedigt und rollte ein plumpes Gerät an meine Seite. Als sich eine große bleierne Platte auf meinen Unterbauch senkte, begriff ich, dass ich in seine Diagnose gelaufen war wie in ein Messer. Die Zeituhr schnurrte, er stürzte mit flatterndem Hemdsaum aus der Tür, und das Gerät schoss eine Salve von Röntgenstrahlen auf mich ab, vermutlich die Höchstdosis für ein halbes Leben. Er kam zurück und sagte strahlend:

„We keep you!“ Wahrscheinlich durfte nicht jeder im Government Hospital St. George eine Nacht verbringen. Eine fröhlich zwitschernde Schwester setzte mich in einen Rollstuhl, zurrte ein Lederband über meinen Hüften fest und rollte mit mir hinein ins Labyrinth. Ich dachte, ganz sachlich und auf Deutsch: Wenn ich hier wieder raus will, muss ich mir was einfallen lassen.

Die Räder des Rollstuhls jaulten, die Schwester übte ihr Englisch an mir, und das Ereignis weckte die in Lappen Gewickelten am Boden auf, die uns mit fiebrigen Augen nachsahen. Die Nacht in den Gängen hatte die Farbe von dunklem Schwefel, die Hitze war beißend, es roch nach Äther und Urin. Wände mit abgeblättertem Putz, zweiflügelige Glastüren, nackte Glühbirnen an der Decke. Ich merkte mir jede Einzelheit, den grünen Schimmelfleck in Augenhöhe, den gestreiften Tapetenrest. Ich war entschlossen, diesen Weg zurückzufinden, und wenn er noch Stunden dauern sollte. Ein Saal im Schein zweier funzeliger Kugellampen, vier Reihen Bettgestelle. Ich starrte auf die fleckige Matratze auf dem Bett, das vermutlich in aller Eile für mich geräumt worden war, und fragte mich, wo und woran die daraus Vertriebene jetzt wohl sterben würde. Ich breitete meinen Schal über die Verwüstung und rollte mich zusammen für die Nacht.

Ein feuchter Waschlappen flog mir ins Gesicht, er roch nach Mensch und Moder. Sofort saß ich kerzengerade im Bett. Sie waren zu zweit. Dunkle Augen, die Haare zu Zöpfen geflochten, Wasserflecken auf den Saris. „Good morning“, zwitscherte die Wäscherin und begann, meinen Arm mit dem Lappen zu bearbeiten, während die Zweite mit dem Kamm durch meine Haare fuhr. „No!“, rief ich und schlug der Frau den Kamm aus der Hand. Die Wäscherinnen überschütteten mich mit Hindikaskaden. Die eine hielt mir eine Schale hin, sie enthielt pappigen Reis und graue Stückchen in grauer Soße. Mein Magen drehte sich einmal um sich selbst und begann auf seltsame Weise leise zu hämmern. „No!“, sagte ich und stellte die Schale auf das Tablett zurück. Auf den Betten bewegten sich die in Decken eingeschlagenen Hügel, und Dutzende Frauenköpfe tauchten empor. Ich habe Englisch gesprochen, dachte ich und merkte, dass der fortgezogene Schmerz seinen Abdruck in mir hinterlassen hatte, eine Hohlform, die gefüllt werden wollte. Mit dem Gedanken an warmen Toast mit Orangenmarmelade schlief ich ein.

Als ich erwachte, fiel eine buttergelbe Morgensonne durch die weit geöffneten Fenster, kleine schreiende Vögel wuselten um die Lampendrähte. Draußen war der indische Tag erwacht mit Autohupen, Fahrradklingeln und den Rufen der unermüdlichen Händler. Der Saal war auf einmal so voll wie eine Bahnhofshalle. In den Gängen blühten die Saris, kleine Mädchen mit propellergroßen Schleifen auf den Köpfen jagten einander um die Betten, und an den Fußenden der Gestelle hingen verlegen die Männer. Über die Kranken hatte man das Mitgebrachte gehäuft, Decken aus Dralon in schreiendem Rosa und Grün, winzige Kopfkissen, Saris zum Wechseln, und auf den textilen Haufen fanden Frühstücksgelage statt. Links von mir gab es Bananen, Mangos und etwas in dampfenden Schälchen, rechts von mir knallbunte Kuchen, die nach Knoblauch rochen. Ich starrte auf das Bett gegenüber, auf dem gerade eine Thermosflasche Chai geöffnet wurde, und bemerkte, dass ich bemerkt worden war.

Von links schoben sich zwei Kinder näher, ihre schöne Mutter schenkte mir ein Goldzahnlächeln. Jetzt wandte sich die ganze Familie mir zu, am längsten brauchte die Kranke im Bett, die mit ihrer Drehung die Textilien ins Rutschen brachte und zu Boden warf. Eines der Mädchen stützte seinen Ellenbogen neben meinen Ellenbogen auf und verglich Haut mit Haut, wobei es anerkennend die Luft durch die Zahnlücke stieß. Von seinem Unterarm löste sich eine Schmutzkruste und fiel in den Spalt zwischen Matratze und Bettgestell. Eine

Großmutter klatschte in die Hände, dass die Armreifen klirrten, und rief mir etwas zu, was alle anderen nickend bestätigten. Auf einmal lagen eine Banane und ein Kokosbällchen auf meiner Matratze, und einer der Brüder, Väter oder Onkel nahm umstandslos der Kranken den Becher aus der Hand und schenkte Chai nach. „To your health!“, sagte er, und ich nahm den Becher entgegen und trank.

Unter den Betten hockten sprungbereit die Katzen und starrten gebannt aus ihren dreieckigen Gesichtern auf die Köstlichkeiten. Von oben fiel hin und wieder ein Vogel in Richtung eines Picknickkorbs, fing sich kurz vor der Landung ab und stieg hinauf, und die genarrten Katzen flüchteten zurück unter die Betten. Die Mütter und Großmütter ringsherum hatten inzwischen miteinander Kontakt aufgenommen und tauschten ihre Ansichten über den Zustand der Fremden aus, wobei sie mir aufmunternd die Hand tätschelten. Sie haben, dachte ich, meinen Fall gelöst, es wird aufwärts gehen mit mir.

Ich erwachte in der brütenden Stille des Nachmittags. Er hing über mir, drückte an der falschen Stelle an mir herum und zog mir das rechte Unterlid nach unten. Der Widerschein einer Scheibe tauchte die Decke in gleißendes Licht, auf den Säulensimsen hockten die aufgeplusterten Vögel. Ein paar der Familienmitglieder vom Morgen hatten sich auf dem Boden zusammengerollt und schliefen. Er wollte mit mir reden und schlug mir leicht auf die Wange. „Tonight we can have surgery, it's cooler at night.“ Ich saß so schnell auf dem Bettrand, dass er zurückwich. Er wollte den kühleren Abend abwarten, um mich aufzuschneiden, das gab mir einen Vorsprung von vier Stunden. Wo sind meine Sandalen, dachte ich und gleichzeitig, auf einer zweiten Gedankenspur, dass es auch ohne Sandalen ging. Er begriff sofort. „You cannot go!“ rief er. “You are very sick!“ Ich stand auf und knickte in den Knien ein. Da sah ich auch die Sandalen; jemand hatte sie am Fußende unter die Matratze geklemmt. Er klatschte in die Hände und schien auf Hindi Unterstützung anzufordern. Schlafbenommene Köpfe erhoben sich vom Boden. Ich ging in den schlappenden Sandalen zwischen den am Boden Schlafenden hindurch, sehr aufrecht und konzentriert.

Der Saal, der Gang, der gestreifte Tapetenrest, der Schimmelfleck, eine Glastür, dann der Raum, in den man mich eingeliefert hatte. Das war der Nachteil meiner Methode: Um hinauszugelangen, musste ich hier noch einmal durch. Das wusste er, der sich hier auskannte, und deshalb war er vor mir da. Stand klein und entschlossen vor der Tür, die ins Freie führte, und fuchtelte mit einem Blatt Papier. „You sign!“, rief er wütend und deutete auf eine gestrichelte Linie unter den Zeichen, die ich nicht lesen konnte. Dann bemerkte er, dass er keinen Stift zu dem Papier geliefert hatte, lief zu einem Metallschrank und riss eine Schublade auf. Er warf sie wieder zu und stürzte ins Nebenzimmer, wo er weitere Schubladen aufzureißen schien. Ich öffnete meinen Brustbeutel und entnahm tausend Rupien, legte das Geld auf die gepolsterte Liege und ging hinaus.

Die Stadt erwachte in den frühen Abend hinein. Schon hatten die Chapati-Brater ihre Pfannen erhitzt, die Wasserverkäufer ihre Tragen umgeschnallt. Die Autos hupten, die Fahrräder klingelten, die Kassettenrecorder quäkten. Ich trat auf die Fahrbahn und winkte eine Fahrradrikscha heran. Mein Rucksack war in der Gepäckaufbewahrung im Hauptbahnhof. Der Nachtzug nach Delhi ging um elf.

Wer bin ich, wenn ich in Umstände geworfen bin, in denen ich mich an nichts Vertrautes halten kann?

Das absolut Fremde, nicht zu Begreifende, mit nichts zu Vergleichende, nirgendwo Einzuordnende machte mich mir selbst fremd.

Ich sah mir, einer Fremden, zu, während sie handelte, wie ich, die Beobachterin, nie hätte handeln können. Wer also war ich damals, im Government Hospital St. George?

Und wo ist dieses andere Ich jetzt, während ich am Schreibtisch sitze?

Pioniergedanken

Am Stamm meines Flieders entdeckte ich heute drei weiße Stellen, die vor ein paar Tagen noch nicht da waren. Eine Art Schimmel, dachte ich, oder ein Schädling, den ich noch nicht kannte. Es sah aus wie ein Häufchen Kokosflocken. Ich rief im Internet die Hilfe-Seiten von zwei Gartenzeitschriften auf, aber diesen Schädling fand ich nicht. Meinen Flieder möchte ich gerne behalten, deshalb fuhr ich in die Gärtnerei. Es sieht aus wie Kokosflocken, sagte ich ratlos zu der Gärtnerin. Sie lachte und sagte: „Das ist eine Pionierpflanze."

Da hat also eine Pflanzenfamilie ihren Spähtrupp ausgeschickt, und der hat sich meinen Flieder für eine Niederlassung ausgewählt. Die Familie ist noch relativ neu in unseren Breiten, fühlt sich erst seit der Klimaerwärmung hier so richtig wohl, und will jetzt expandieren. Wäre ich auf Reisen gewesen oder unaufmerksam, wären nach ein paar Wochen sämtliche Familienmitglieder angerückt, um sich auf den weißen Flocken niederzulassen: Gräser, Flechten, grünes Allerlei.

„Wenn Sie das Zeug nicht gleich wegmachen", sagte die Gärtnerin gelassen, „ist Ihr Flieder in einem Jahr tot."

Jetzt weiß ich, was da manchmal hinterrücks in der stillen Meditation auftaucht: Es ist ein Pioniergedanke!

Er sucht einen Platz in meinem Geist, an dem er sich niederlassen kann. Jeder Gedanke hat den natürlichen Drang zur Expansion, und wenn ich nicht aufpasse, rückt die ganze Großfamilie nach. Und ich sitze auf meinem Kissen und bin in ein geistiges Drama verwickelt, weil sich Gedanken, Erinnerungen, Befürchtungen und Hoffnungen in mir niedergelassen haben und ich das Zeug nicht mehr loswerde.

Weil ich eine unachtsame Gärtnerin im Garten meines Geistes war und den Gedanken nicht gleich weggeschickt habe.

OKTOBER

Winterreise

Drängender pfeifen die Züge
die Drachen steigen
der Baum macht sich frei

Morgens lesen die Vögel
in den Blättern es ist Zeit
zu gehn

Glücksmoment

Beim Gang zum Bäcker im eisigen Ostwind kommt mir eine schöne grauhaarige Frau auf einem alten Fahrrad entgegen, ihr weiter Rock weht im Fahrtwind über das Hinterrad, und am Lenker über der Lampe steckt eine große, weiße Plastikrose.

Im Supermarkt

Vor mir ein älterer Mann, nein, ein alter Mann. Er ist fast am Anfang des Scannerbandes stehengeblieben mit einem dieser kleinen Einkaufsroller, an deren Gestell ein Kunstledersack hängt. Der Sack ist sehr tief, und der Mann hat wenig eingekauft. Das Bücken geht auch nicht mehr so leicht, also rollt er langsam aus den Hüften heraus den Rücken zu einer Halbkugel und taucht mit dem gestreckten linken Arm in die Tiefen des Sacks ein. Er muss etwas zu fassen bekommen haben, denn ganz allmählich entfaltet er sich, die rechte, auf den Rahmen des Gestells gestemmte Hand verhilft ihm wieder zu einer aufrechten Gestalt. Er legt eine Packung Nudeln auf das Band. Jetzt ist die zweite Ware an der Reihe. Er rollt den Rücken, taucht, fasst, stemmt und fördert eine Dose geschälter Tomaten hervor. Die Waren haben eine weite Reise, einmal über das ganze Band, und die Schlange hinter mir reicht inzwischen bis zur Getränkeabteilung.

Nun bin ich gerade heute ohne Einkaufskorb unterwegs. Ich hatte nur schnell drei, vier Dinge besorgen wollen, und um meine Arme zu entlasten, lege ich meine Einkäufe an den Rand des Bandes und halte sie dort fest. Und weil noch etwa zwanzig Zentimeter Platz sind, beginnt die Frau hinter mir, ihren Einkaufswagen auszuladen und ihre Sachen neben meine zu stapeln. Ich greife mir einen dieser Trennstäbe aus Plastik, die in der Rinne hinter dem Band liegen, um meine Sachen von ihren zu trennen, da sie es nicht tut, aber dafür muss ich meine Waren loslassen, und schon rollen meine Tüte Milch, die Butter und die Schokolade nach vorne. Vorbei an dem Mann, der gerade unter großen Mühen ein Päckchen Schinken aus dem Sack nach oben gefördert hat und sich auf einmal meinen Einkäufen auf dem Band gegenübersieht, zwischen die er sein Fleisch ja nicht gut legen kann.

Inzwischen habe ich der jungen, nein sehr jungen Kassiererin zugerufen, sie möge das Band anhalten, aber sie trommelt ungeduldig mit den sternchenbesetzten langen Fingernägeln auf der Metallumrandung des Scanners herum, und weil das so klappert und an der Bäckereitheke gerade der Backautomat mit einem schrillen Pfeifen das Ende des Backvorgangs meldet, reagiert sie nicht. Aber der Mann reagiert, und er hat für sein Alter noch viel Empörung in sich. Er nennt mich egoistisch, grenzenlos unhöflich, ungeduldig, und er tut das so laut, dass sich hinter den Regalen die Kundenköpfe recken. Inzwischen rollt der Einkauf der Frau hinter mir an mir und ihm vorbei. Ich starre stumm auf ihre Berge von Würsten, Tütensuppen, Gemüse und Obst und frage mich, vor welchem neuen und verwirrenden Gerät ich in zwanzig Jahren stehen und das Gefühl haben werde, nicht mehr mitzukommen mit dem, was um mich herum geschieht.

In einer Welt, die für mich zu schnell geworden ist.

Die Zeit und die Uhr

Unsere Zeit auf Erden ist bemessen, deshalb verlieren wir sie nie aus dem Blick. Es könnte ja sein, dass sie unbemerkt aus der Uhr tropft und uns um unwiederbringliche Stunden betrügt. Viele Uhren müssen also her, je mehr Uhren, desto mehr Zeit. Deshalb wird kaum ein Gerät heute ohne Uhr ausgeliefert. Das Auto, das Radio, das Telefon, das Handy und der PC haben eine. Von meiner Wetterstation will ich eigentlich nur wissen, ob ich mit

Sonne oder Regen rechnen muss; sie aber liefert mir gleich die Uhrzeit dazu. Der Kurzzeitwecker für die Küche ist mit einer Uhr kombiniert, die ich nicht brauche, aber auch nicht abstellen kann. Beim Abhören des Anrufbeantworters wird mir von einer seelenlosen Frauenstimme die Zeit des Anrufs mitgeteilt, die ich nicht wissen will, aber ich finde keine Möglichkeit, die Stimme zum Schweigen zu bringen. Ich habe in meinem kleinen Haushalt zwölf Uhren, und nur das Alter meines Küchenherds bewahrt mich davor, an ihm eine dreizehnte zu haben.

Heute früh um drei begann die Winterzeit. Alle Uhren, hieß es gestern in der Zeitung, werden um eine Stunde zurückgestellt. Ich frage mich, ob Zeitungsredakteure nur Funkuhren haben; ich muss den größten Teil meiner Uhren von Hand zurückstellen. So verbringe ich das, was im selben Artikel „eine geschenkte Stunde" hieß und was in Wirklichkeit eine gestundete Stunde ist, mit der Umstellung meiner Uhren.

Vor ein paar Tagen strandete ich in einem Slow-Food-Restaurant. Ich musste ein paar Dinge in der Innenstadt erledigen, aber ich habe einen erbitterten Widerstand gegen alle Fußgängerzonen der Welt. Ich werde von der Hektik, die dort herrscht, völlig überwältigt, und weil ich so überwältigt bin und deshalb schnellstmöglich dort weg will, bin ich die Hektischste von allen. Ich brauchte also dringend einen Ort, an dem mich der Wirbel nicht erreichen konnte, und ging zum ersten Mal in dieses kleine Lokal am Rand der Innenstadt. „Wir bereiten jedes Gericht frisch zu", hieß es auf der Tafel vor der Tür. „Deshalb dauert es auch ein wenig länger." Es war an einem gewöhnlichen Werktag um eins, und der Raum war erstaunlich voll. Ich bestellte diverse Gemüse und Bratkartoffeln. Selten bekommt man ja gute Bratkartoffeln in Lokalen. Man muss am Abend vorher Kartoffeln kochen, halbgar, und sie dann, wenn ein Gast so verwegen war, sie zu bestellen, in feine, aber nicht zu feine Scheiben schneiden und langsam unter ständigem Wenden knusprig braten.

Als Erstes fiel mir auf, dass dort keine Zeitungen herumlagen. Als Zweites, dass keine Uhr an der Wand hing.

Ich saß also da und schaute. Zwei Paare unterhielten sich in gedämpftem Ton, ab und an prustete die Espressomaschine. Eine Frau sah sinnend zum Fenster hinaus, eine andere schrieb etwas in ein Notizbuch. Draußen tauchten Menschen in Mänteln aus dem Nebel, formten sich sekundenlang zu einer klar definierten Gestalt und schwammen in der Nebelwolke davon. Irgendwo musste eine Ampel sein; auf der Platte meines Tischs wechselte ein rotes gespiegeltes Pünktchen ab und an zu Grün. Die Bedienung kam und stellte mit ruhiger Bewegung mein Glas Mineralwasser auf den Tisch. An den Wänden waren Weinregale, der Wein war offenbar gut und teuer und wurde auch verkauft. Ich hätte die Etiketten studieren können, aber ich trinke keinen Wein, sie hätten mir nichts gesagt. Ich überlegte, was ich anschließend noch zu erledigen hatte und ob mir dafür wohl genügend Zeit bleiben würde. Ich widerstand der Versuchung, auf meine Armbanduhr zu schauen.

So saß ich auf einer Insel der Zeitlosigkeit inmitten der großen Stadt, in Gesellschaft eines roten und eines grünen Pünktchens. Und irgendwann war die Frage nicht mehr, wie schnell ich das Anstehende noch erledigen würde, sondern wie ich, nachdem ich gegessen hatte, diese Stille und Ruhe wie einen Mantel um mich ziehen und möglichst unverletzt von Lärm und Eile nach Hause gelangen könnte.

Die Bratkartoffeln waren dann sehr gut.

Vor ein paar Jahren sprach ich für ein Rundfunk-Feature über „Muße“ mit Hartmut Rosa, dem Professor für Soziologie an der Universität Jena, der mir sagte: „Dass wir notorisch das Gefühl haben, die Zeit gehe uns aus, ist nicht ein individuelles Versagen, sondern ein Problem der Sozialwelt. Die Wahrnehmung der Zeit, die Planung der Zeit, auch die Erfahrung der Zeit ist sozial konstruiert."

Es gibt keine feststehende Größe namens „Zeit", deren Quantum genau bemessen und für jeden gleich ist. Wie viel Zeit wir „zur Verfügung haben", wie schnell die Zeit „vergeht", wie viel Zeit wir „sparen" können und auf welche Weise, ist eine Frage der kollektiven Übereinkunft über das Wesen der Zeit, die wir alle zusammen unbewusst erschaffen.

Die zeitsparenden Technologien wie E-Mails, sagte Hartmut Rosa, würden tatsächlich dazu beitragen, dass wir weniger Zeit hätten: Wir würden nämlich fünfmal so viele E-Mails schreiben wie früher Briefe und deshalb für das E-Mail-Schreiben genauso lange brauchen wie einst für die Briefe. Schlimmer noch: Weil alle immer mehr schreiben, müssen alle immer mehr beantworten. So habe sich auch das Transportwesen beschleunigt – wir kommen immer schneller von hier nach dort –, wodurch wir mehr Termine wahrnehmen könnten. Informationen laufen in Windeseile um den Planeten, und alle gesellschaftlichen Bereiche reagieren immer schneller darauf. Selbst das Aufführungstempo klassischer Musik habe sich, sagte Hartmut Rosa, in den letzten fünfzig Jahren deutlich beschleunigt.

Vor zwanzig Jahren bin ich noch nicht im Laufschritt durch die Fußgängerzonen gerast. Auch ich habe mich also dem allgemeinen Tempo angepasst. Mehr als die gesellschaftliche Analyse interessiert mich deshalb die Frage, warum ich unbewusst und unachtsam da mitgemacht habe.

„Die Gesellschaft sind doch wir alle?", fragte ich. „Wir könnten also – jeder für sich – unsere eigenen Entscheidungen treffen und aus dem Stress aussteigen." Richtig, sagte Hartmut Rosa, aber da gebe es noch unsere Angst, etwas zu verpassen: Ein gutes Leben sei für moderne Menschen ein erfülltes Leben, eines, „das die Erfahrungs- und Erlebnismöglichkeiten der Welt ausschöpft, aber auch die eigenen Fähigkeiten entfaltet. Das Problem ist, dass die Weltmöglichkeiten und auch die eigenen Anlagen immer größer sind, als es die eigene Lebenswirklichkeit zulässt. Und wir antworten darauf mit dem Versuch, mehr zu tun, das Lebenstempo zu steigern, mehr Erlebnisse in einem Tag oder einem Jahr unterzubringen." „Aber vielleicht können wir die Fülle der Weltmöglichkeiten erst wahrnehmen, wenn wir weniger tun und langsamer werden?", fragte ich. Er stimmte zu: Was unserer Gesellschaft fehle, sei die Tiefe. Man müsse den Mut haben, weniger zu tun und dem Wenigen Zeit zu geben, von einem Erlebnis zu einer Erfahrung zu werden, denn erst das verarbeitete Erlebnis bereichere den Menschen. „Aber das ist sehr schwer", sagte Hartmut Rosa.

Es ist vor allem deshalb schwer, weil man schnell als schräge Figur angesehen wird. Aus der Gesellschaft gefallen. Passt nicht rein, gehört nicht dazu. Macht nicht mit, ist unsozial. Wird folglich misstrauisch beäugt.

Es war in Bad Wiessee, Anfang der 1990er Jahre. Ich hatte, nach acht Jahren im japanischen Zen, ein Jahr zuvor gerade Thich Nhât Hanh und mit ihm das vietnamesische Zen entdeckt. Im japanischen Zen ist das Tempo im Allgemeinen sehr hoch. Das Kinhin, die Gehmeditation im Raum, wird im Laufschritt gemacht, der Zendo, die Meditationshalle, wird im Galopp geputzt, das Essen wird mehr heruntergeschlungen als genossen. Bei Thich Nhât Hanh war alles anders: Langsames Schreiten, innehalten, dreimal atmen bei jedem Glockenklang und Mittagessen, die sich schon mal über eine Stunde erstrecken konnten. Ich war begeistert, dieses Zen entsprach mir. Dann kam Thich Nhât Hanh nach Deutschland, in Bad Wiessee wurde ein Hotel gemietet für einen Tag der Achtsamkeit, und vom Hotel, das in der Ortmitte lag, starteten wir zu einer gemeinsamen Gehmeditation. In der Fußgängerzone von Bad Wiessee an einem Samstagmittag um zwölf.

Langsam. Ganz ganz langsam.

Vorneweg etwa fünfzehn Nonnen und Mönche in braunen Roben. Völlig konzentriert auf jeden Schritt, das Aufsetzen der Ferse, das Abrollen des Fußes, das Heben der Ferse bei gleichzeitigem Ruhen auf den Zehen, das Heben des nächsten Fußes, das Aufsetzen dessen Ferse. Weich und gleitend ihre Bewegungen, wie die einer Segeljolle auf dem ruhigen See. Kein einziger Blick nach rechts und links. Hin und wieder hob die Nonne an der Spitze des Zuges eine kleine Glocke und schlug sie an. *Pling*. Alle blieben stehen, atmeten dreimal und setzten sich langsam wieder in Bewegung.

Dahinter im Gänsemarsch 150 Teilnehmer: wir. Am Straßenrand: die Bevölkerung von Bad Wiessee mit gefüllten Einkaufstaschen. Zum Stocken gebracht von einer unerwarteten Begegnung, so etwas hatte man noch nie gesehen. Staunende Gesichter, gerunzelte Stirnen. Sie wussten das Gesehene nicht einzuordnen. Eine Prozession? Ein Schweigemarsch? Eine Demonstration? Wofür? Wogegen? Wo war das Transparent, das eine Absicht verkündete? *Pling*. Gequält blieben wir stehen. Verkäuferinnen lehnten mit verschränkten Armen an den Türrahmen ihrer Läden. Gelächter. Bemerkungen. Besser nicht hinhören. Obwohl: Auf einmal hielten alle inne. Ganz ohne Aufforderung. Hielten inne und staunten. Vergaßen für ein paar Minuten den Einkaufszettel, die Wochenendplanung, die Liste des noch zu Erledigenden. Die Erfahrung der Zeit war für sie alle kollektiv neu strukturiert worden, es gab kein Vorwärtsdrängen mehr, kein Weiter, kein Mehr, es gab nur diesen überraschenden Moment, in dem etwas geschah, das sie nicht begriffen.

Neben mir ging Tom Geist, der inzwischen verstorbene Übersetzer von Thich Nhât Hanh. Er beugte sich zu mir herunter und murmelte: „Die glauben sicher, wir tragen hier unseren Kanarienvogel zu Grabe."

Ich hoffte, unter den Menschen am Straßenrand war keiner, der mich kannte.

Im Jahr 1765 zog sich der Philosoph Jean-Jacques Rousseau – auf der Flucht vor seinen Verfolgern und um einem Haftbefehl zu entgehen, denn er hatte sich die Feindschaft des Klerus in Paris zugezogen – auf eine fast unbewohnte Insel im Bieler See zurück. Dort ließ er sich in langen müßigen Stunden in einem Kahn treiben, betrachtete die Wolken und machte die Erfahrung des absoluten, von keiner äußeren Bedingung abhängigen Glücks. In seinen „Rêveries" dachte er später über diese Erfahrung nach. Wenn unsere Seele, überlegte er, einmal ganz zu sich käme, „... dann müsste sie Vergangenheit und Zukunft gar nicht bemühen; Zeit zählte für sie nicht, denn dauernd wäre Gegenwart, ohne dass sich diese Dauer freilich bemerkbar machte, ohne dass irgendwo sich ein Vorher und ein Nachher abzeichnete, und ohne dass Gefühle entstünden wie Entbehrung oder Genuss, Freude oder Kummer, Verlangen oder Furcht. Wir hätten einzig das Gefühl, zu existieren, dieses aber würde unsere Seele ganz erfüllen."

Für den Philosoph Peter Sloterdijk ist diese Erfahrung von Rousseau die Geburt des Individuums als Subjekt der Freiheit. Rousseau, sagt Sloterdijk, habe als Erster die reine psychische Dauer entdeckt, in der die allgemein herrschende Vorstellung von Zeit mit Vergangenheit und Zukunft verschwindet, „um einer strömenden Sukzession von Jetzt-Momenten Platz zu machen, die durch keinen Mangel korrumpiert und durch keine Vorstellung von Abwesendem gestört werden".

Rousseau war natürlich nicht der Erste, denn dies ist eine wunderbare Beschreibung der Erfahrung, die das Zen dem schenkt, der sich in Versenkung begibt: eine strömende Sukzession von Jetzt-Momenten. Das Gefühl absoluter Autonomie und Freiheit. Reines Sein. Ein Selbst-Gefühl, das sich nicht über den Namen, den familiären Stand, die Gehaltsstufe oder die Leistung definiert, sondern allein über das klare Bewusstsein: Ich bin.

Warum widerfuhr Rousseau diese Erfahrung erst kurz vor seinem Tod? Warum gelingt sie uns so selten? Fehlt uns ein See? Ein Kahn? Was macht die beglückende Erfahrung des reinen *Ich bin* so unmöglich im täglichen Leben? Nach Peter Sloterdijk ist es der Stress.

Sloterdijk bezeichnet das, was wir Gesellschaft nennen, als „selbst-stressierende, permanent nach vorne stürzende Sorgen-Systeme", die durch die Medien mit immer neuen Erregungsvorschlägen aufrechterhalten werden müssen, mit „Empörungsvorschlägen, Beneidungsvorschlägen, Überhebungsvorschlägen". Denn nicht auszudenken, was geschähe, würden die Mitglieder der Gesellschaft sich in großer und immer größerer Zahl auf Kähne begeben, um in diversen Seen der Träumerei nachzuhängen und die atemberaubende Erfahrung der strömenden Sukzession von Jetzt-Momenten zu machen. Es wäre das Ende der Gesellschaft als Kollektiv, das nur durch den Stress der immer neuen Aufregung und gemeinsamen Empörung zusammengehalten werde, sagt Sloterdijk. Der Träumer auf dem See, der in reiner Gegenwart lebt, ist aus dem Kollektivstress ausgestiegen. Verpassensangst? Bah, das Einzige, was zu verpassen er befürchten könnte, wäre dieser Augenblick. Weltmöglichkeiten? Wo ist die Welt, wenn nicht hier.

Aber, und das ist wichtig: „Wäre die reine Subjektivität am Freiheitspol tatsächlich nichts anderes als das Entschweben des Einzelnen aus allen Stressfeldern, so wäre sie mit strikter Asozialität identisch", sagt Peter Sloterdijk. Der Träumer im Boot nämlich, beglückt und erfüllt von der Erfahrung des *Ich bin*, kehrt irgendwann zurück in die Gesellschaft. Will er oder muss er? Was ruft ihn zurück? Und wie lebt er fortan im Kollektiv, was trägt er bei zur Gesellschaft, falls er etwas beiträgt? Peter Sloterdijk wird hier etwas vage: Die Rückkehr ins Kollektiv und das Engagement für die Gesellschaft sei für das „freigesetzte Subjekt“ die Konsequenz aus der Freiheitserfahrung. „Aufgrund seiner Disponibilität, die durch die Loslösung nach innen einen Höchstwert erreicht, gewinnt es von selbst den Weg zurück ins Objektive.“

Ein Zen-Meister würde an diesem Punkt lächeln und den Philosophen fragen: „Wer ist dieses Ich, das *Ich bin* erfährt?“

Die „strömende Sukzession von Jetzt-Momenten“ ist für das Zen nur eine Vorbedingung, nicht das Ziel. Es geht darum, im unendlichen Augenblick, der von keiner Zeitvorstellung getrübt wird, eine Erfahrung zu machen, die das Selbstbild völlig auf den Kopf stellen kann. Denn die Erfahrung der absoluten Freiheit ist auch die der Freiheit vom Ich, wie wir es bisher wahrgenommen haben: als abgetrennt vom Ganzen, als geschlossene Einheit, die sich zwar in glücklichen Momenten mit anderen Ichs verbunden fühlt, doch im Wesentlichen allein und isoliert bleibt. In der Erfahrung des reinen Seins gibt es kein vom anderen getrenntes Ich mehr. Deshalb wird diese Erfahrung begleitet von Mitgefühl und Liebe. Eine Liebe, die sich anstrengungslos einstellt; man muss sich nicht bemühen, sie zu „geben“, man muss sich auch nicht ändern, um wert zu sein, sie zu „empfangen“.

Sie ist es, die den Träumer, der natürlich ein Meditierender war, an Land gehen lässt. Er vertäut sein Boot, er braucht es nicht mehr. Er kehrt zurück auf den „Marktplatz“, wie es das Zen nennt, also mitten hinein in die Aufgeregtheit, den Neid, den Streit, die Aggression der Welt, die jeder als Stress erfährt, auch der Träumer (er wird, sich selbst und anderen zuliebe, den klugen Umgang mit dem Stress erlernen müssen). Und doch will er dort, genau dort, hineinpflanzen, was er erfahren hat, denn ebenso, wie sein Ich nicht getrennt ist von anderen, ist das Ich der anderen nicht getrennt von ihm. Er verfasst keine Manifeste, wendet sich nicht an die Presse, eröffnet keinen Twitter Account. Seine Mittel sind subtiler. Er beschließt vielleicht, an einem Samstagmittag um zwölf in der Fußgängerzone eines kleinen bayerischen Kurortes eine Gehmeditation zu veranstalten, um dort, mitten auf dem Marktplatz, ein paar Momente der Zeitlosigkeit zu erschaffen; sie werden, das weiß er, in den Menschen, die sich davon berühren lassen, eine Wirkung haben. Hinter ihm gehen einhundertfünfzig andere; sie haben diese Liebe noch nicht erfahren und finden das Ganze deshalb peinlich. Aber sie empfinden eine solche Sehnsucht nach Freiheit und der Erfahrung des reinen Seins, dass sie, zögernd und fast wider ihren Willen, mitgehen.

Langsam. Ganz langsam.

An jenem Herbstnachmittag in Bad Wiessee habe ich gesehen: Wenn du aus dem allgemein üblichen Gebrauch der Zeit aussteigen, dich dem Zeitdiktat der Gesellschaft nicht unterwerfen und die Zeit souverän zu deiner eigenen Zeit machen willst, solltest du die Kunst beherrschen, nicht aufzufallen. Dein Tun ist nämlich ziemlich brisant. Es hat Folgen, und nicht nur für dich.

Glücksmoment

Beim Einloggen ins E-Mail-Postfach klappt ein Fenster auf: „Sie haben keine neuen Nachrichten."

Und doch gibt es die große unsichtbare Uhr, die rückwärts läuft und unser Leben wegtickt, Sekunde um Sekunde. Wie viele Sekunden werden mir noch bleiben? (Jedes Leben, in Sekunden umgerechnet, ist ein beruhigend langes Leben; ich weiß gar nicht, ob es überhaupt eine Zähleinheit für eine solch große Zahl gibt.) Und wenn der Zeiger der Uhr die letzte Sekunde erreicht hat und, mit einem kleinen Nachzittern wie bei den alten großen Bahnhofsuhren, zum Stehen kommt, beginnt dann eine andere Zeit? Für wen? Für mich, oder für das, was ich für mein Ich gehalten habe, oder für das, was ich in Wirklichkeit war und nie erkannt habe?

„Das Jenseits ist nichts, was irgendwann im Laufe der Zeit einmal kommen wird, sondern es ist das Jenseits der Zeit: die Zeitlosigkeit", sagt der Benediktinerpater und Zen-Meister Willigis Jäger.

Also: die strömende Sukzession von Jetzt-Momenten.

Wenn aber das Jenseits bereits im Diesseits jederzeit erreichbar wäre, wie sollen wir dann das nennen, was uns – vielleicht – nach dem Stillstand der Uhr erwartet?

Die Grund-Lichtheit?

NOVEMBER

Auf der Waagschale

Zu euch, meine Toten, zählen nun auch
die Katze und die gefällte Linde.
Mein Gedächtnisacker trägt Kreuze
ich pflüge schon lange nicht mehr
ich hüte.

Dass zu lieben Glück sei
diese größte aller Lügen

aber zu sterben ohne Gewichte
was wöge ich denn

Die feinen Fäden des Regens am großen Wohnzimmerfenster, gleichmäßig von oben nach unten perlend, wie die aufgespannte Kette an einem Webstuhl. Und jetzt, emsig von links nach rechts sich auf der Innenseite der Scheibe in den gespannten Regen einfädelnd, der Schussfaden: eine Fliege.

Die Weisheit der Höhlen

„Die Christen streben immer nur nach oben, aufwärts, zum Himmel. Sie haben die Weisheit der Höhlen und Katakomben verlassen."

In einem Buch über Schamanismus begegnet mir sein klares Gesicht. Graublonde Haare, dunkles Hemd, darunter ein weißes T-Shirt. Ailo Gaup ist Schamane der Sámi-Tradition, geboren im Norden Norwegens. Dort, wo der Winter länger dauert als anderswo, und dunkler ist. Wo ein paar Menschen die Weisheit der Höhlen noch nicht aufgegeben haben. Aufgegeben oder verloren? Ist uns der Verlust der Höhlen passiert oder haben wir ihn selbst gewollt?

Wir machen uns arm, wenn wir uns der Erfahrung der Dunkelheit verweigern.

Alle Mystiker kennen die „dunkle Nacht der Seele", jeder Schamane steigt während seiner Ausbildung irgendwann in die Unterwelt der Psyche ab. Ohne die Bekanntschaft mit den dunklen Seiten des Menschseins wird niemand zum Heiler und Seher, und wer längere Zeit meditiert, weiß: Die Phasen der strahlenden Klarheit werden tiefer und länger, aber gleichzeitig werden Angst, Hoffnungslosigkeit und Traurigkeit stärker empfunden als bisher. Sie sind da, als Teil unseres Menschseins und unserer Geschichte, und wollen beachtet werden. Ich schätze den Buddhismus sehr, aber abgesehen von einigen Schulen des tibetischen Buddhismus, die mit der Visualisierung von Dämonen arbeiten, fehlt mir auch im Buddhismus die „Weisheit der Höhlen".

Der kluge und vertrauenswürdige Gelehrte Walpola Rahula aus Sri Lanka erklärt in seinem Standardwerk „What the Buddha Taught“: „Ein Buddhist ist das glücklichste aller Wesen. Er kennt weder Furcht noch Angst. Er ist stets ruhig und gelassen und kann von Veränderungen und Unglück weder erregt noch erschreckt werden, denn er sieht die Dinge, wie sie sind. Der Buddha war nie melancholisch oder verdrießlich. Seine Zeitgenossen beschrieben ihn als ‚unentwegt lächelnd‘.“

Wenn das ein Buddhist ist, dann bin ich noch nie einem Buddhisten begegnet. Das freut mich, denn ich will nicht mit unentwegt lächelnden Menschen zu tun haben.

Eine vietnamesische Nonne, die ich kenne, hat Heimweh und weint viel. Ein paar andere Nonnen vermissen schmerzlich das gewohnte Essen ihres Landes und weigern sich, die angeblich so feinen deutschen Kartoffeln zu essen. Ich kenne asiatische Mönche, die kein Wort einer westlichen Sprache sprechen und sich darüber beklagen, dass sie in Europa erbärmlich frieren. Ein Zen-Meister, den ich nach kurzem Kennenlernen gleich wieder verließ, bekommt regelmäßig Wutanfälle. Ein anderer spricht hin und wieder abfällig über einen Kollegen.

„It is through the cracks that the light comes through“, sagte Timothy Leary.

Es sind die Risse, durch die das Licht fällt.

Glücksmoment

Im nächtlichen Sturm sind die Blätter der großen japanischen Kirsche im Garten gefallen. Hinter den Ästen erscheint das Dachgeschoss des Nachbarhauses; an seiner Balkontür hängt eine Girlande winziger beleuchteter Weihnachtsmänner.

Mit Lilo und Ulrich im Café des Rietbergmuseums in Zürich. Wir brauchen eine Pause, die Ausstellung „Mystik" ist dicht und fordernd. Ein Gang durch sämtliche Weltreligionen, die Philosophie, die Kunstgeschichte. Statuen, Bilder, Kalligrafien, Filme. Wir suchen uns einen ruhigen Ecktisch, strecken die Beine aus und fragen uns, ob die Gegenwart nicht zu schnell und zu laut ist, um eine zeitgemäße Form mystischen Erlebens auszubilden, wie bescheiden auch immer dieses sein mag.

Ulrich rührt in seiner Tasse. „Aber gerade die Schnelligkeit ist meine Hoffnung", sagt er. „Schau dir den Fall von Ministerpräsident Mappus an, der wegen des Ankaufs von EnBW-Aktien während seiner Regierungszeit vor Gericht steht. Ich hätte nie gedacht, dass ich in meiner Lebensspanne noch dieses Resultat von Ursache und Wirkung erfahren werde."

„Oder Strauss-Kahn mit seinen Affären", sagt Lilo. „Einer der mächtigsten Männer der Welt scheitert an einem Zimmermädchen."

„Und Nathalie Wood, die Schauspielerin", sagt Ulrich. „Ihr Tod vor zwanzig Jahren wurde jetzt aufgeklärt, der Mörder war ihr Mann, der sie über Bord des Schiffes geworfen hat."

„Und Guttenberg und all die anderen, die große Teile ihrer Dissertationen abgeschrieben haben", sage ich. „Zu Fall gekommen durch das Internet."

„Siehst du", sagt Ulrich, „das ist meine Hoffnung: Die Beschleunigung der Mühlen Gottes."

Schneefreudenverlust

Der erste Schnee, pünktlich am ersten Advent. Ein Babyschnee noch, nicht ausgewachsen. Tapst ungestüm auf den Dachfenstern herum, die Flocken sind zu groß, zu nass, das hat alles noch keine Form, das will erst noch werden. Wird auch. Wird auf jeden Fall.

Ich sitze am Schreibtisch und blicke mürrisch hinauf.

Wenn man beim Anblick des ersten Schnees als erstes daran denkt, dass man den in Kürze mühsam wird wegschaufeln müssen, weil im Haus die Mieter für die Schneeräumung zuständig sind, dann hat man entweder die falsche Wohnung oder den falschen Blick auf die Sache.

Schneefreudenverlust: eine Krankheit, die man nicht leicht nehmen darf.

Ein Kreis aus Stille

Eigentlich suchte ich die Adresse eines thailändischen Klosters, für eine Seminarteilnehmerin. Stattdessen fand ich ihn. Plötzlich war sein Kopf auf meinem Monitor, der blanke Schädel, das unvergleichliche Lächeln, über den Schultern die orangefarbenen Stoffbahnen. Durch ein paar Klicks im Internet war er aufgetaucht, und wieder hatte ich ihn nicht gesucht, wie damals. Als er einfach für einen Abend, den ich nie vergessen werde, in mein Leben getreten war.

Warschau im Jahr 1993, die Stadt im November war kalt und grau. Ich lebte erst seit ein paar Wochen dort, aber ich kannte schon mehr Menschen als zu Hause. Das Land war ein Chaos, Häuser verfielen oder wurden über Nacht abgerissen, Straßen wurde umbenannt, aber die Warschauer verstanden die Kunst des Improvisierens, und Nachrichten verbreiteten sich auf bewährte Art: von Mund zu Mund, im Untergrund. So kam es, dass meine Zimmervermieterin Elszbieta eines Nachmittags den Kopf zur Tür hereinstreckte und fragte: „Maha Ghosananda ist in der Stadt. Möchtest du ihn kennenlernen?" Ich hatte keine Ahnung, wer Maha Ghosananda war, aber ich sagte, ja, gern, natürlich. Wann denn? „In einer halben Stunde kommt jemand dich abholen", sagte sie.

Er kam dann erst nach einer Stunde, ein junger Mann, den ich nicht kannte, im Wagen saßen zwei junge Frauen, die ich auch nicht kannte, aber jeder sprach ein wenig Englisch und erklärte, man habe von mir gehört von einem, der eine kannte, die mich kannte, und so war ich an einem kalten Warschauer Novemberabend mit wildfremden Menschen in rasendem Tempo unterwegs in einen Außenbezirk, in dem es sehr dunkel war. Sehr dunkel. Der junge Mann hatte sich längst gründlich verfahren, wurde immer nervöser, die drei debattierten erregt auf Polnisch, und ich hatte Hunger und sehnte mich nach einem heißen Tee. Zbigniew, unser Fahrer, klärte mich zwischendurch über den berühmten Mann auf, den ich gleich kennenlernen werde. Er habe als Mönch in Thailand jahrelang im Dschungel gelebt, mitten unter den Tigern. Übrigens sei er mehrfach für den Friedensnobelpreis vorgeschlagen worden. Ich brachte die Tiger und den Nobelpreis nicht zusammen, aber die Englischkenntnisse von Zbigniew reichten nicht aus für eine Verdeutlichung.

Irgendwann kamen wir an, in einer Aikido- oder Karateschule; etwa dreißig Menschen saßen auf dem Boden herum und unterhielten sich. Mitten unter ihnen, die Beine in Lotosposition gefaltet, ein kleiner älterer Mann in der orangefarbenen Robe der Theravada-Mönche. Er hatte ein federleichtes Lächeln in den Augen, man hätte es fast übersehen können, aber es schuf einen Kreis um ihn herum, dessen Beschaffenheit nicht Licht war, auch nicht Kraft. Vielleicht könnte man es am ehesten als einen Kreis aus Stille bezeichnen. Mein Fahrer wurde laut begrüßt, ich wurde als Gast aus Deutschland vorgestellt, der Lärmpegel im Raum stieg, aber der Kreis aus Stille bewegte sich nicht. Es stellte sich heraus, dass alle auf uns gewartet hatten.

Er sagte dann ganz schlichte Sätze: „Wenn du Frieden schaffen willst, beginne damit in deinem Herzen. Sorge gut für dich selbst, liebe dich selbst." Jemand fragte nach den Tigern. Er winkte ab, die Tiger seien nicht wichtig. Wichtig sei es, niemanden zu hassen und gut für sich selbst zu sorgen.

Polnisch ist eine Sprache des Herzens, und Polen sind sehr emotionale Menschen. Als die schlichten Sätze dieses Abends aus dem Englischen übersetzt worden waren, hatten etliche Menschen im Raum Tränen in den Augen, und nicht nur die Frauen. Ich dagegen, Deutsche und Schriftstellerin, bin sprachempfindlich, und Sätze, in denen ich aufgefordert werde, mich zu lieben, empfinde ich als peinlich. Ich überlege dann sofort, wie man das anders hätte formulieren können: spröder, kühler, eher andeutend als ausdrückend. Verwundert stellte ich fest, dass mich die schlichten Sätze dieses einfachen stillen Mannes vollkommen überzeugten. Oder besser: Es war egal, was er sagte, er selbst war die Botschaft.

Sie machten dann eine Pause, der Lärm war betäubend. Da winkte mich Maha Ghosananda herüber. Ich blickte mich um, ob nicht vielleicht jemand anderes gemeint war, aber ich fand niemanden. Zögernd stand ich auf und ging auf ihn zu. Er lächelte und bedeutete mir, mich zu setzen. „Deutschland ist ein wichtiges Land“, sagte er. Auf Deutsch. „Deutschland hat spirituelle Kraft.“ „Aber wir lieben uns nicht“, sagte ich. Er nickte langsam und sah in sich hinein. Er schwieg. Ich schwieg. Wir saßen in unserem Kreis aus Stille, und ich dachte an mein Land, dessen Menschen sich nicht lieben können und dessen Literaten die schlichten Sätze als kitschig empfinden.

Erst Monate später, als ich wieder in Deutschland war, recherchierte ich und fand heraus, wem ich da einen Abend lang in kleinstem Kreis gegenübergesessen hatte. Samdech Preah Maha Ghosananda, geboren in Kambodscha, war einer der brillantesten Mönchs-Gelehrten seines Landes, sprach über zehn Sprachen und beherrschte Sanskrit und Pali. Er lebte im thailändischen Klosterexil, während die Roten Khmer seine gesamte Familie ermordeten. Als diese maoistisch-nationalistische Guerillabewegung zerschlagen wurde, kehrte er in sein Land zurück, wurde zum höchsten Patriarchen des kambodschanischen Buddhismus gewählt und führte 1992 den ersten Friedensmarsch in Kambodscha an. Kurz nach seiner Rückkehr überreichte er jedem, den er traf, mit einer Verbeugung einen Zettel mit dem Satz des Buddha: „Hass wird nicht durch Hass besiegt, Hass wird durch Liebe besiegt. Dies ist ein ewiges Gesetz."

Schlichte Sätze. 2600 Jahre alt.

Gestern war er also plötzlich wieder da, vier Jahre nach seinem Tod, auf meinem Monitor. Ich sah das Lächeln in den Augen und saß sofort wieder in dem Kreis aus Stille, an einem gewöhnlichen Mittwochnachmittag in meinem Arbeitszimmer. Ein wahrhaft großer Mensch, denn nur die großen Menschen sind so bescheiden, dass sie Belehrungen für dreißig Menschen erteilen, eine Stunde auf vier verspätete Gäste warten und einer unbekannten Besucherin aus Deutschland einen Gedanken auf den Weg geben, der sie, also mich, seither begleitet. In meinem Land mit großer spiritueller Kraft, die sich nicht äußern kann, weil die Menschen ihr Land mit seiner Vergangenheit und deshalb sich selbst nicht lieben.

Maha bedeutet übrigens: „Großer freudvoller Verkünder".

Ich war nicht darauf vorbereitet, in Warschau mit den beiden grundlegenden Aussagen des Buddha konfrontiert zu werden: *Pattica-samuppada* und *Anicca*. Das bedingte Entstehen und die Vergänglichkeit aller Phänomene. Danach war mein Leben nicht mehr dasselbe wie vorher.

Die buddhistische Weltsicht könnte man als umfassenden Kreis beschreiben, in dem alles mit allem verbunden ist und alles sich aufgrund dieser Verbundenheit unaufhörlich verändert. In den Lehren wird detailliert erklärt, wie Leben entsteht, fortdauert und vergeht. Für den Alltag genügt auch die Kurzfassung davon, sie ist anwendbar auf jede Lebenssituation: „Wenn dies ist, ist jenes. Wenn dies entsteht, entsteht jenes. Wenn dies nicht ist, ist jenes nicht. Wenn dies vergeht, vergeht jenes." *Anicca* ist die Konsequenz daraus: „Als Vergänglichkeit gilt der Dinge Entstehen, Vergehen und Anderswerden, oder das Schwinden der gewordenen, entstandenen Dinge. Der Sinn ist der, dass diese Dinge nie in derselben Weise verharren, sondern zergehen, indem sie sich von Augenblick zu Augenblick auflösen." Soweit der Pali-Kanon.

Thich Nhât Hanh hat für diese wechselseitige Verbundenheit den Begriff „Intersein" geprägt. Wir sind eingewebt in ein feinmaschiges Netz von Verbindungen, das alles umfasst: das persönliche Leben, die Gesellschaft, die Natur. Im Konzept von Intersein ist kein Platz für Zufall. Unsere Gedanken, Gefühle, Entscheidungen und Handlungen, die scheinbaren Schicksalsschläge und scheinbaren Glücksfälle sind das Ergebnis eines hochkomplexen Zusammenspiels von inneren und äußeren Faktoren. Alles, was geschieht, hat Gründe, auch wenn wir diese nie in all ihren Facetten begreifen werden.

Nach dem Tod meiner Mutter ging ich für ein Jahr als Literatur-Stipendiatin in die Deutsche Akademie Villa Massimo nach Rom. Ich wollte dort an meinem Roman weiterschreiben, aber das, was ich beim Sterben meiner Mutter erfahren hatte, war kein Romanstoff. Ich saß in meinem römischen Innenhof unter dem Orangenbaum und las mich durch die gesammelten Werke von C. G. Jung, durch Meister Eckhart und jede Menge Zen- und Sufi-Literatur. Nach Deutschland zurückgekehrt, verließ ich München, zog auf einen Berg in den Schwarzwald und begann in Todtmoos-Rütte eine Weiterbildung an dem von Karlfried Graf Dürckheim gegründeten Zentrum für Initiatische Therapie, eine mich damals sehr ansprechende Synthese aus Zen und westlicher Tiefenpsychologie. Eines Tages kam eine Delegation der Polish Transpersonal Association zu Besuch, und die Leiterin fragte mich, ob ich für ein paar Wochen in Warschau arbeiten wolle, als Training für die polnischen Therapeuten.

Im Herbst 1993 buchte ich einen Flug bei der LOT, bekam einen Sitz, aus dem die Spiralen herausstachen, der Stewart verlor in einer Windbö die Balance und kippte mir Kaffee auf den Rock, und an einem kalten und windigen Abend landete ich in der Stadt, in der mich meine Vergangenheit einholen sollte. Am dritten Tag kaufte ich ein Schulheft, kariert, billiges Papier. Ich hatte das Gefühl, ich würde es brauchen: Was ich hier erlebte, musste Sprache werden, damit ich es verstehen konnte.

Warschauer Tagebuch

Warschau, 14. Oktober.
Es ist kalt, durch die Fensterritzen zieht es. Ich habe ein paar Handtücher zwischen die Doppelfenster gestopft. Auf meiner Matratze ist vor Jahren die Mutter meiner Gastgeberin gestorben; den Schock hat die Matratze nicht gut überstanden. Außerdem habe ich einen Schreibtisch und einen Sessel. Zwischen der Matratze und dem Schreibtisch soll ich meine Klienten empfangen. Ich sah mir das ganze trostlose Ambiente an und dachte: Ich möchte von mir nicht empfangen werden, zwischen dieser Matratze und dem Tisch. Warum bin ich nach Warschau gekommen.

Das Mietverhältnis war zustande gekommen wie alles in Warschau, nach jenem System, in dem das Gebrauchte von einem zum anderen weitergesagt wird, bis das Gesuch bei jemandem landet, der das Gewünschte hat, Elszbieta also. Die im Türrahmen stand und die Deutsche ansah, und diese, also ich, dachte: Hunde haben solch einen Blick, wenn sie wachsam jede Bewegung ihres Gegenübers verfolgen, um sich gegebenenfalls sofort in Sicherheit zu bringen. Dies war nicht Unfreundlichkeit und keinesfalls Bedrohung. Ich trug meinen Koffer über die Schwelle und dachte: Was immer es ist, ich kenne es.

In meiner Erinnerung ist Pawel der Erste, der kam. Aber vielleicht war es auch Leszek, und überhaupt tun Namen nichts zur Sache. Pawel oder Leszek begann nach zehn Minuten zu weinen. Weinende Männer waren mir bislang selten begegnet, es war mir ein wenig peinlich. Hatte ich etwas falsch gemacht? Pawel stand nach einer halben Stunde auf und beschloss zu gehen: Das alles wühle ihn zu sehr auf. Fünf Minuten später kam er zurück. Er habe sich anders entschieden, sagte er: Das alles einer Deutschen erzählen zu können, sei eine Chance. Für mich, sagte er. Für mich. Dorota kam mit ihrem Mann, alleine hatte sie sich die Begegnung nicht zugetraut. Wir alle sprachen Englisch miteinander. Als ich nach zwei Wochen einen Anruf aus Deutschland entgegennahm und zum ersten Mal ein deutsches Wort fiel, stand Andrzej auf und ging hinaus. Im Flur lehnte er mit geschlossenen Augen an der Wand. „Diese Sprache", sagte er, „die Sprache aus den Lagern."

Warschau, 16. Oktober.

Polnische Juden in meinem Alter. Alle nach dem Krieg geboren. Erzählungen von Enteignung, Lagerleben, Krankheit und Ermordung. Ein Krieg, der weitergereicht worden war von den Eltern zu den Kindern, in deren Herzen er sein Zerstörungswerk fortsetzte. Ist es gleichgültig, wem ein Trauma geschieht? Gibt es keine Trennung zwischen Eltern und Kindern?

An den Abenden ging ich ziellos durch die Straßen, vorbei an verfallenden Häusern und dunklen Hinterhöfen. Ich suchte das Zerstörte, das in Deutschland nicht mehr zu finden war: die klaffenden Löcher in einer Häuserzeile, als fehle in einem Kiefer ein Zahn. Die Frauen mit dem über der Stirn geknoteten Kopftuch, die im Schutt nach brauchbaren Steinen wühlen. Ich erinnerte mich an Bombenalarm, Fliegerangriffe und Flucht. Ich erinnerte mich an vieles, was ich selbst nie erlebt hatte, und es war nicht vergangen, sondern greifbare Gegenwart. Aber hatte ich es nicht doch erlebt? Indem es mir erzählt worden war, denn gut erzählte Geschichten haben eine Wirkung.

Warschau, 21. Oktober.
Sie bringen mir Träume. Manchmal sind es nicht ihre eigenen Träume, sondern die ihrer Mütter und Väter, die jene nicht zu deuten wagten. Oder solche, bei denen die Deutung nicht in Handlung überführt werden konnte. Übrigens sind sie selbst dafür ausgebildet, mit Träumen umzugehen. Aber sie bringen mir, der Deutschen, ihre Träume. Als müsste der Kreislauf vollendet werden, bevor die Erlösung geschehen kann. Als müsste die Erzählung der Taten die Verursacher erreichen, und wenn es diese nicht mehr gibt, so doch immerhin eines ihrer Kinder.

Sie erzählten von Ängsten, Schlaflosigkeit und Depression. Von der Befürchtung einer neuen Katastrophe, von der Scham, zu Opfern geworden zu sein. Ich rief einen befreundeten deutschen Psychologen an. Er sprach von Überlebendensyndrom und KZ-Trauma. So hält man sich das Leiden der anderen geschickt vom Leib. Ich aber hatte das Gefühl, nicht Fällen gegenüberzusitzen, sondern Geschwistern. „Geschwister?“, fragte der Fachmann, plötzlich hellwach. Vermutlich überlegte er sich, ob die Begleiterin nicht selbst zum Fall geworden war. Abends las ich Jean Améry, der schrieb, er erwarte „aus guten Gründen jederzeit eine neue Katastrophe. Ich erlebe und erhelle in meiner Existenz eine geschichtliche Realität meiner Epoche, und da ich sie tiefer erfuhr als die Mehrzahl meiner Stammesgenossen, kann ich sie auch besser erleuchten.“

Warschau, 25. Oktober.
Jean Améry hat die exemplarische Erhellung seines jüdischen Schicksals nicht geholfen, er nahm sich das Leben. Wer aber sagt, dass wir „mit guten Gründen“ die neue Katastrophe erwarten müssen? Therapeuten glauben an die Verwandlung des Leidens, und Schriftsteller sind Hoffende, sonst schrieben sie nicht. Selbst wo sie nein sagen, sagen sie noch ja zum Gegenteil dessen, was sie anklagen. Ich muss ihnen die Geschichte der deutschen Nachkriegskinder erzählen.

Erst als ich längst wieder in Deutschland war, las ich mich durch die damals noch spärliche Literatur, in der mein Thema aufgegriffen wurde. Der Psychiater Peter Heinl: „Allen wohlgemeinten politischen Proklamationen zum Trotz versprühen Kriege ihr Gift weit über den Lebenszyklus direkt Betroffener in die Seele sehr viel später Geborener und erzeugen damit generationsüberspringende Traumatisierungen oder, anders ausgedrückt, Schädigungen familiärer Systeme."

Warschau, 26. Oktober.
Jene, die in den Verlust hineingeboren wurden, erkennen einander. Sie haben etwas von Seiltänzern; ein stets gefährdetes Gleichgewicht gibt ihren Schritten im Leben etwas Tastendes und Behutsames. Mehr als andere sind sie auf einwandfreie Arbeitsgeräte angewiesen: auf ein intaktes Seil, eine gute Balancierstange und ein verlässliches Netz. Ich habe hier begriffen, dass in der zweiten Generation das Trauma keinen Unterschied macht zwischen Juden und Nichtjuden.

Im Oktober des Jahres 1993 rückten in Warschau die vierzigjährigen Kinder zusammen, um zu tun, was traurige Kinder seit jeher tun: Einander ihre Geschichten erzählen, um nicht allein zu sein. Kinder, die nicht mit der Straßenbahn fahren, weil diese früher die Deportierten zu den Sammelstellen brachte. Kinder, die keinen Flugzeuglärm und keine Türklingel mehr ertragen und immer noch die Gestapo erwarten. Kinder, an die sich Eltern geklammert haben, weil sie das Einzige waren, was die Eltern noch hatten. Kinder, die nur bei Licht schlafen können, weil die Mutter im Keller einer christlichen Familie überlebt hatte und keine Dunkelheit mehr ertrug.

Warschau, 29. Oktober.
Ich erzähle von meiner deutschen Freundin, die nachts alle Fenster verschließt, weil ihre Mutter ihr das so beigebracht hat. Als ich sie fragte, wovor ihre Mutter Angst hatte, sagte sie: „Vor den Juden, sie dachte, sie kämen, um sich zu rächen." Ich erzähle von dem Freund, der heute noch Mehl und Zucker kilo-

weise hortet, es könnte ja wieder ein Krieg ausbrechen. Und ich erzähle von meiner Mutter, die ihrem Kind Gutenachtgeschichten von Flucht, brennenden Häusern und Bombenhagel erzählte. Ich erzähle, und sie hören zu. Sie erzählen, und ich höre zu. Weil unsere Geschichten empfangen werden müssen, und sei es nur von einem einzigen Ohr.

Die Bücher von Hanna Krall kannte ich bereits. Hanna Krall hat die letzten Zeugen des Grauens besucht, bevor die Erinnerung mit ihnen stirbt, und erzählt in ihren Büchern das Unerzählbare, in kühler, klarer Sprache.

Warschau, 2. November.

Das große Café an der Puławska ist fast leer. Hanna Krall trägt Blazer und Pullover in den Farben Camel und Schwarz, ich trage Jacke und Pullover in denselben Farben. Was uns beiden doch immerhin eine Gemeinsamkeit gibt, denn man muss mit etwas Gemeinsamem beginnen, wenn man sich so gegenübersitzt: die jüdische Polin, deren Vater und drei Tanten von den Deutschen ermordet wurden, und die nichtjüdische Deutsche, deren Stiefvater als Soldat in Polen war.

„Sprechen wir", sagt sie, „über die wirklich wichtigen Dinge." „Ja, über den Tod", sage ich. Sie nickt: „Und über die Angst. Aber auch über die Liebe." „Die manchmal", sage ich, „aussieht wie Grausamkeit?" „Die manchmal aussieht wie der Tod", sagt sie.

Neben dem Umschlagplatz gab es ein Ambulatorium, dort arbeiteten die Schülerinnen der Schwesternschule. Da die Deutschen bis zum Schluss behaupteten, die Menschen würden in den Güterzügen zur Arbeit gebracht, wurden Kranke wieder nach Hause geschickt. Um die Menschen zu retten, nahmen die zum Heilen ausgebildeten Schwesternschülerinnen die Axt und brachen den Gesunden die Beine.

Die Menschen, über die sie schreibe, sagt Hanna Krall, würden ein Geheimnis kennen, sie wüssten, wie gut und böse die menschliche Natur sei. „Wir brauchen ihre Weisheit und ihre Erinnerung an das Leiden, denn die gewöhnlichen Menschen meiden die Traurigkeit." Wir sitzen in dem großen und fast leeren Café, frieren und rühren in den Tassen. Es ist kalt in Warschau, die zentrale Heizanlage, die alle Häuser in der Stadt mit Wärme beliefert, ist wieder einmal ausgefallen. Vor der Fensterscheibe tragen die gewöhnlichen Menschen ihre Einkaufstüten nach Hause, die Klappen ihrer Mützen tief über die Ohren gezogen. Für Hanna Krall besteht die Welt aus den Hellen und den Dunklen. Aus denen, die wissen, was Leiden ist, und denen, die es nicht wissen wollen. „Und?", frage ich. „Gibt es eine Brücke zwischen den beiden?" „Ja", sagt Hanna Krall, „das Mitgefühl."

Am Freitagabend wurde bei Elszbieta Sabbath gefeiert, die Deutsche war dazu eingeladen. Der Raum füllte sich mit lebhaften Menschen, die Männer trugen die Kipa auf dem Kopf, eine Frau legte ein frisch gebackenes Brot auf den Tisch. Sie entzündeten die Kerzen, und der Älteste sprach das Tischgebet. Ich saß zwischen ihnen, herzlich begrüßt und doch nicht dazugehörig, verstehend und dennoch verständnislos. Ich wartete darauf, dass irgendwann ein Satz um die Ecke käme, den ich begreifen würde, aber dieser Satz kam nie. Denn die Sprache, die gesprochen wurde, war Jiddisch und nicht Deutsch. An diesem Abend fragte ich mich, ob die Gemeinsamkeit der Nachkriegskinder im Jahr 1993 in Warschau nicht eine Illusion war. Hatten die Geschichten der polnischen Nachkriegskinder nicht den Klang der jiddischen Sprache? Täuschend ähnlich, fast verständlich, aber ganz eigen und von meiner Sprache meilenweit entfernt? Nie hatte ich an Deutschland als an mein Zuhause gedacht, jetzt dachte ich es zum ersten Mal. Das scheinbar so heile Land, in dem die Schrecken unter Disziplin und Perfektion begraben sind.

Warschau, 12. November.

Elszbieta lädt mich ins Teatr Żydowski im E. R. Kaminskiej ein. Es ist eine Komödie, so viel begreife ich. Ich glaube, ich bin die einzige Nichtjüdin hier. Der Saal ist ausverkauft, sie lachen viel.

Und dann werden sie plötzlich ernst, als sei ein Schalter umgekippt worden. Vielleicht ist es doch keine Komödie. Vielleicht ist es ein Stück wie das Leben, wo auch die Schalter dauernd umkippen und nichts eindeutig und für immer ist. So zeigt mir Elszbieta ihre Kultur. Sie macht mich vertraut mit dem, was sie geprägt hat und was die Generation meiner Eltern nahezu ausgerottet hat. Ohne es zu sagen, sagt sie: Hat das nicht seinen Wert? Ist das nicht etwas, das man hätte pflegen, schützen, nähren müssen? „Wenn du nach Deutschland kommst", sage ich, „dann zeige ich dir meine Kultur. Lieder nach Texten von Heinrich Heine und Kabarett von Tucholsky. Die Gedichte von Hilde Domin, die wunderbare Prosa von Alfred Polgar."

Und dann muss ich lachen, ich lache lauter als die anderen um mich herum, und alle schauen mich an. „Warum lachst du?", fragt Elszbieta.

„Alles Juden", sage ich. „Alle, deren Werke ich liebe: Juden."

Der November in Warschau war eisig. Ich kaufte mir bei der Händlerin an der Straße doppelt gestrickte Handschuhe aus Russland und für Elszbieta einen Lilienstrauß. Einmal hatte es in der Nacht geschneit. Als ich am Morgen die Puławaska betrat, sah ich im frisch gefallenen Schnee auf dem Pflaster deutlich ein eingedrücktes Hakenkreuz. Mein Herz begann zu hämmern, ich beugte mich darüber. Unter meinem warmen Atem schmolz der Abdruck einer polnischen Stiefelsohle zu einem matschigen Häuflein zusammen. Ich wusste, dass es Zeit wurde, abzureisen.

Warschau, 20. November.

Sie alle kommen mit Geschenken zu ihrer letzten Stunde bei mir. Pawel schenkt mir ein Buch, Anna eine Kassette. Esther hat Pilze gesammelt, getrocknet und an einer Schnur aufgereiht. Als hätte ich ihnen einen Dienst erwiesen. Ich habe ungefähr tausend Mark für Miete, Essen und Ticket bezahlt, und wenn ich zu Hause gefragt werde, ob sich das gelohnt habe – und damit meinen sie: für die Polen gelohnt –, werde ich sagen: Das war die billigste Lehrveranstaltung meines Lebens.

Mein Koffer war gepackt, die Stadtpläne, Ansichtskarten und Bücher, die sich in fünf Wochen angesammelt hatten, waren von den Regalen verschwunden. Das Zimmer mit der durchgelegenen Matratze in der Puławaska schüttelte den Geruch nach der deutschen Besucherin ab wie ein Hund den Floh. Am Tag vor meiner Abreise bestellte Elszbieta ein Taxi und lud mich zu einer Stadtrundfahrt ein.

Wir halten an der Zamenhofa. „Steig aus", sagt Elszbieta, „ich will dir etwas zeigen." Es ist ein Stein, so hoch wie ein Hocker. Man könnte im Sommer darauf sitzen und sich sonnen. „Es sind neunzehn Steine", sagt Elszbieta, „steig ein, ich zeig dir alle."

Die Straße der Steine. Granitblöcke mit Inschriften, die man fast übersehen könnte, der Rest der Gettomauer und der Rest der Mauer, die früher die Polizeistation der Deutschen umgab. Steine sind alles, was geblieben ist, aber weil sie bleiben, sind die Steine Monumente der Erinnerung und Mahnung. Die Straße der Steine endet an der Stawki. Während Elszbieta den Taxifahrer bezahlte, stand ich auf dem Platz vor schlichten Marmorstelen. Über dem Eingang ein Relief, das einen Wald von gebrochenen Bäumen zeigt: in der jüdischen Symbolik das Bild für den Tod einer ganzen Gemeinschaft. Ein schwarzes Band durchzieht den hellen Marmor im oberen Drittel, darauf ein Wort auf Deutsch: Umschlagplatz. Im Inneren 400 Namen in den Stein graviert, stellvertretend für die Hunderttausende, die an diesem Ort in die Güterzüge nach Treblinka gepfercht wurden.

Es ist ein klarer Wintertag, die Sonne scheint. Auf der Stawki braust der Verkehr. Ich stehe allein zwischen Marmorstelen, Elszbieta ist verschwunden. Ich bin allein mit dem einzigen Wort in meiner Sprache, das mir in fünf Wochen begegnet ist. Dem furchtbaren Wort. Umschlagplatz. Ich lese jeden einzelnen Namen leise vor. Die Namen sind schwer erkennbar, so zart in den Marmor geritzt, und ich sehe auch plötzlich nicht mehr gut. Aber das bin ich ihnen schuldig. Was sonst könnte ich tun für die Warschauer Toten, als ihre Namen zu singen.

Als ich nach einer Zeit, die mir wie eine Unendlichkeit erschien, auf den Platz zurückkehrte, legte jemand die Hand auf meinen Arm. Elszbieta hatte irgendwo im Hintergrund gewartet, dezent und geduldig. „Ich hätte nicht geglaubt", sagte Elszbieta, „dass eine Deutsche über das trauern kann, was ihre Väter getan haben. Jetzt, wo ich weiß, dass das möglich ist, kann ich mit euch Frieden schließen."

Glücksmoment

Beim Aufwachen um drei Uhr nachts das sanfte Rieseln des Regens, aus dem Garten steigt der Geruch nach feuchter Erde. Und die Gewissheit, wieder einzuschlafen. Und morgen wieder zu erwachen.

DEZEMBER

Erster Schnee

Seht
mit der wieder gewonnenen Unschuld
eurer Augen
den Satz des Buddha:

Die zehntausend Dinge sind
eins

Wiese
zu sagen ist ebenso falsch wie
Feld

Seht:

Es gibt
keinen
Weg

Es gibt keinen Weg, sagt der Zen-Meister. Hör auf, in den Kategorien von Aufbruch und Ankunft zu denken. Vergiss das Ziel, es gibt nichts zu erreichen. Es gibt nur den Schritt, den du gerade tust. Diesen. Und diesen. Hier und Jetzt ist die einzige Wirklichkeit, denn es gibt weder Vergangenheit noch Zukunft. Unser Erinnern geschieht in diesem Augenblick, unser Hoffen und Wünschen geschieht in diesem Augenblick. Wenn du deine Kraft nicht mit sinnlosen Grübeleien vergeudest, bist du die Meisterin deines Lebens.

Dein Leben geschieht *jetzt!*

Die unsichtbaren Verbindungen

Es ist nur Verbindung da. Der Quantenphysiker Hans-Peter Dürr.

Vietnamesen, wie alle Südostasiaten, verehren ihre Ahnen und gedenken ihrer regelmäßig. Unsere westliche Haltung zu Familie und Vorfahren bestürzt die vietnamesischen Nonnen und Mönche in Plum Village; Respektlosigkeit ist noch das Höflichste, was sie uns bescheinigen. Vor etlichen Jahren führte Thich Nhât Hanh in seiner Schule ein Ritual zur Verbindung mit den Ahnen ein, das er „Erdberührungen" nennt. In Zen-Kreisen wird ihm vorgeworfen, dass solch ein Ritual „nicht Zen" sei. Formal gesehen stimmt das. Aber dieses Ritual wirkt nur, wenn man sich in absoluter Offenheit auf alles, was im Augenblick geschieht, einlässt, ohne eine intellektuelle Barrikade dagegen zu errichten. Und absolute Offenheit für den Augenblick *ist* Zen.

Der Ablauf des Rituals ist einfach. Die Teilnehmer verneigen sich und legen oder knien sich auf den Boden, dann wird ein Text vorgelesen. Der Text ist ziemlich lang und im Grunde überflüssig; die fünf Eingangssätze sind revolutionär genug:

1. In Dankbarkeit verneige ich mich vor allen Vorfahren meiner leiblichen Familie.

2. In Dankbarkeit verneige ich mich vor allen Menschen, die ich liebe und schätze.
3. Mit Verständnis und Mitgefühl verneige ich mich vor denen, die mir Leid zugefügt haben.
4. In Dankbarkeit verneige ich mich vor dem Land meiner Geburt und all seinen Vorfahren.
5. In Dankbarkeit verneige ich mich vor allen Vorfahren meiner spirituellen Familie.

Der zweite Satz ruft bei niemandem Widerstand hervor, aber die anderen vier! Wir sind also aufgefordert, Vater und Mutter, Geschwistern, Großeltern und Urgroßeltern Dankbarkeit zu erweisen, obwohl sie uns vielleicht geschlagen, verlassen, gekränkt oder auf andere Weise behindert und nicht verstanden haben. Wir sind weiter aufgefordert, uns in Dankbarkeit vor dem Land unserer Geburt zu verneigen, und das auch und gerade dann, wenn wir in Afghanistan, Somalia, Eritrea oder dem mit seiner furchtbaren Vergangenheit belasteten Deutschland zur Welt kamen. Und wer sind unsere spirituellen Vorfahren? Doch nicht etwa die Vertreter einer Kirche, die ihnen anvertraute Kinder missbraucht, Frauen die Priesterschaft verweigert, Geschiedene nicht zum Abendmahl zulässt und kritische Priester zum Schweigen bringt? Oder Mullahs, die Schriftstellern und Karikaturisten wegen angeblicher Beleidigung des Propheten Mohammed die Todesstrafe androhen? Oder jene Zen-Meister, die in Japan im Zweiten Weltkrieg den Faschismus verherrlichten?

Ja, auch die sind gemeint.

Die Erdberührungen sind die größte Zumutung, die mir in meiner Zen-Praxis begegnet sind. Und weil sie so fordernd sind, folgt jedem der oben erwähnten Eingangssätze in der Schule von Thich Nhât Hanh ein längerer erläuternder Text, in dem die Teilnehmer gebeten werden, sich nicht nur die schlimmen Erfahrungen zu vergegenwärtigen, sondern auch die guten, „die es ja auch gegeben hat“. Das ist die psychologische Betrachtungsweise, die in anderem Kontext sinnvoll ist, hier aber einem Ritual die Kraft nimmt. Die Erdberührungen nämlich haben die Kraft, uns in einen Bereich des „Dazwischen“ zu führen, in einen „Wald ohne Bäume“.

Die indigenen Völker wissen seit jeher um die Verbundenheit mit unseren Vorfahren, mit dem Land unserer Geburt und dem Ort, an dem wir gerade leben. Sie wissen, dass wir geprägt sind von den Vorstellungen unserer Kultur über Religion und Spiritualität. Einen ähnlichen Ansatz verfolgen die westlichen Familienaufstellungen; auch sie arbeiten mit den unsichtbaren Verbindungen zwischen den Mitgliedern einer Familie, die sich über viele Generationen erstrecken und auch die Verstorbenen mit einschließen. So gesehen sind die Toten nicht gestorben und wirken nach wie vor auf das Familiengefüge ein.

Aber für die indigenen Völker und auch für die Vietnamesen sind die Ahnen keineswegs Symbole oder das, was die westliche Psychologie Introjekte nennt, also unbewusst übernommene und verinnerlichte Überzeugungen der Eltern; die Ahnen sind tatsächlich anwesend. Deshalb sagt Thich Nhât Hanh, dass die Erdberührungen nicht nur die Lebenden, sondern auch die Toten heilen können.

Als ich zum ersten Mal von diesen Vorstellungen hörte, war ich empört. Ich war endlich den Abhängigkeiten in meiner geistig extrem engen Nachkriegskindheit entronnen. Ich hatte gelernt, mich von den Urteilen meiner Familienmitglieder zu distanzieren und hatte mich von zahlreichen Zwängen befreit. Ich fühlte mich frei und wollte auf keinen Fall noch einmal in irgendwelche familiären Verstrickungen geraten. Und schon gar nicht wollte ich irgendjemandem – Lebenden nicht und Toten schon gar nicht – die Macht geben, mir etwas zu verbieten oder zu erlauben.

Die Erdberührungen sind im Grunde *Koans*: Paradoxe Aufgaben jener Art, die dem Schüler des Rinzai-Zen gegeben werden, um seinen Verstand in heillose Verwirrung zu stürzen, bis der Schüler begreift, dass Nachgrübeln ihm nicht weiterhelfen wird. Die Aufforderung, sich in Dankbarkeit vor Deutschland, das Millionen Juden vernichtet hat, zu verneigen, ist eine Zumutung. Das Denken verweigert die Zustimmung, der Verstand erhebt Widerspruch. Alles andere wäre eine Haltung, die wir uns nicht leisten dürfen.

Und doch bleibe ich mit dem Land meiner Geburt verbunden, auch wenn ich 10.000 Kilometer weit weg wohnen sollte.

Schamanen, Angehörige der indigenen Völker, Buddhisten, Sufis und Familienaufsteller – sie alle wären der Überzeugung, dass mein merkwürdiger Aufenthalt in Warschau kein Zufall war. Es gab offene Fragen in meiner Biografie, die nach Antwort verlangten, ohne dass mir dies bewusst war. Etwas wollte gelöst und erlöst werden: der Schmerz über die Verbrechen, die mein Land begangen hatte. Er war mein täglicher Begleiter gewesen, ich hatte nicht einmal bemerkt, dass er da war. Jahrelang hatte ich für Amnesty International gearbeitet und für AIDA, der von Ariane Mnouchkine ins Leben gerufenen Vereinigung zur Unterstützung verfolgter Künstler. Ich war Mitglied des PEN und hatte zahllose Petitionen unterschrieben. Ich hatte gegen jede Form von Unterdrückung, Gewalt und Zensur protestiert. Und blieb doch so traurig wie zuvor.

Die Lösung kam durch das Teilen des Schmerzes mit den Kindern der Opfer. Wie gesagt: *Koans* werden nicht durch Denken gelöst.

Das Anerkennen der Verbundenheit heißt: Was immer geschehen ist und geschieht, geht mich an. Ich kann es nicht ignorieren oder mich davon distanzieren, darf es aber auch nicht entschuldigen oder beschönigen. Ich bin aufgefordert, eine eigene Antwort darauf zu geben in meinem Denken und Handeln. Eine heilsame Antwort für das Land meiner Geburt, für die Eltern, Geschwister, Großeltern, Partner und spirituellen Lehrerinnen und Lehrer. Eine Antwort, die deshalb auch heilsam ist für mich.

Übrigens: Ich weigere mich, Dankbarkeit dort zu empfinden, wo ein genauer Blick und kritisches Denken angebrachter sind.

„Gottvertrauen ist nichts anderes als das Bewusstsein, dass wir Teilhabende sind am Ganzen", sagt der Quantenphysiker Hans-Peter Dürr.

Ein Adventskalender in meiner Straße: An dem renovierbedürftigen großen Mietshaus wurde gestern unter jedem Fenster ein würfelförmiger Sack aufgehängt. Gerade beugen sich zwei Arbeiter über das erste Päckchen und schnüren es auf. Sie blicken erfreut: Oh, wie schön, Dämmstoff!

Am Zeitungsstand im Supermarkt stehen die Leser bei ihrer kostenlosen Morgenlektüre. Auch der kleine dunkelhäutige Junge ist da, dem ich seit Kurzem öfter begegne; er blättert in einem Comicheft. Die Frau, die zu ihm gehört, liest eine der bunten Illustrierten. Sie ist etwa Ende sechzig und trägt an diesem Morgen Schnürschuhe mit Profilsohlen, eine dicke braune Hose, darüber ein dickes graues Kleid und einen schwarzbraunen Mantel. Der Junge ist ein Sonnenschein, der durch das Viertel läuft und den Menschen zulächelt, als habe er nicht einmal die Hälfte der deutschen Mentalität geerbt. Ich lungere in der Kosmetikabteilung herum, um mich von dem Kind noch ein wenig bescheinen zu lassen.

Jetzt sieht der Kleine, der auf dem Boden kniet, hinauf zu der Frau. Von seinem Blickwinkel aus sieht er zweifellos kein Gesicht, sondern eine Illustrierte mit Beinen. Das scheint ihm nicht zu genügen, schmeichelnd fragt er: „Oma?“ Die Frau überfliegt mit gierigen Augen die Affären der Prominenz; mehr als zehn Minuten kann sie das anständigerweise nicht tun, sonst muss sie die Zeitschrift kaufen. „Oma“, sagt der Junge, „ich möchte dir was sagen.“ Die Frau blättert. „Oma“, sagt das Kind, „ich hab dich lieb.“

Die Frau gibt einen routiniert klingenden Laut von sich, ein seit Jahrhunderten bewährtes Hmm, das aufdringliche Kinder abwimmelt, ohne dass man sich ihnen widmen müsste. Etwas aber muss durch das Papier gesickert sein, eine Energie, die sich zwischen Scheidungsgerüchten, Seitensprüngen und Todesfällen hindurchschlängelt und bemerkt werden will. Verwirrt hält sie im Lesen inne und schaut sich um auf der Suche nach dem, was da in ihr Leben gekommen ist. Unter ihr wendet das Kind sich befriedigt wieder dem Comic zu. Es hat gesagt, was es zu sagen hatte. Die Frau sieht ratlos die Illustrierte an, als könne sie des Rätsels Lösung in den Seiten finden. Dann schlägt sie enttäuscht die Zeitschrift zu und stellt sie ins Regal.

Die Welt ist voll von nicht empfangenen Liebeserklärungen.

Tempel 2

Gegenüber die große Wanduhr. Eben war es zwei Uhr, jetzt, eine Ewigkeit später, ist es zehn nach zwei. Halbdunkel. Irgendwo flüstert jemand mit jemandem. Ein stetes leises Gurgeln ist der Grundton dieser Nacht, erzeugt von einer Flüssigkeit, die hinter einer der Stellwände durch einen Schlauch in eine Vene fließt. Ab und an gleitet eine Beduinin vorbei im wehenden zartblauen Mantel, unter dem zartblauen Turban baumelt ein kleines Ohrgehänge. Sie hat Wasser im

Angebot, kleine Pillen und einen großen Aluminiumtopf. Die Händlerin ist nicht enttäuscht, wenn das flüsternd vorgetragene Angebot flüsternd abgelehnt wird. Im Takt der zähflüssigen Zeit pendelt sie weiter durch die Nacht, bleibt irgendwo stehen, lächelt fragend, hebt den Daumen und wartet auf die Antwort: das Lächeln, den gehobenen Daumen. Drei Uhr fünfzehn.
(Universitätsklinikum Freiburg, Chirurgische Intensivstation)

Heiliger Abend

Einmal, als ich auf dem Berg lebte, ging ich am Heiligen Abend zur Christvesper in die kleine Kirche im Nachbarort, die mir auf einer Wanderung aufgefallen war. Am Morgen hatte es zu schneien begonnen; es fiel dieser spezielle dichte und stete Dezemberschnee, der federleicht und nachhaltig alles zudeckt. Alle zwei Stunden hatte ich meinen Wagen abgefegt und den Parkplatz freigeschaufelt; ich kannte diesen Schnee, man darf ihn nicht ungestört seine Arbeit tun lassen, wenn man vorhat, am Nachmittag zu einer Bergkirche zu fahren. Ich brauchte dann für die acht Kilometer zwanzig Minuten und musste in einem waghalsigen Manöver ein paar an der Steigung hängengebliebene Autos überholen. Man darf nämlich nie höflich stehenbleiben im Winter am Berg. Fahren, Gas geben und fahren. Im Ort angekommen, fand ich keinen Parkplatz, denn die Schneepflüge, die seit dem Morgen unablässig im Einsatz waren, hatten rechts und links der Fahrbahn den Schnee meterhoch aufgetürmt. Ich hatte das einkalkuliert und fuhr auf den Parkplatz eines Hotels, der notdürftig geräumt war. Die Flocken waren inzwischen so groß wie die damaligen Fünfmarkstücke, und vor dem Kirchenportal stand ein Besen, mit dem sich die ankommenden Besucher gegenseitig den Schnee von den Mänteln fegten.

Noch nie hatte ich mir einen Kirchenbesuch dermaßen verdienen müssen, und mir kam ganz nebenbei der Gedanke: Das muss sich jetzt aber lohnen.

Die Kirche hatte keine Heizung. Die Menschen saßen dicht gedrängt in ihren schmelzenden Mänteln und tropften vor sich hin. Ein erstaunlich guter Kirchenchor sang „Es ist ein Ros entsprungen“, ein schütterer Posaunenchor blies dazu. Der Ort hatte keine eigene Gemeinde, und der Pfarrer aus dem Nachbarort war etwas in Eile. Um zwei Uhr hatte er den Kindergottesdienst in einer anderen Pfarrei geleitet, in seiner eigenen Kirche würde er die Mitternachtsmette halten. Zwischendurch würde er wohl nach Hause eilen, um seine Familie zu bescheren. Hoffentlich, dachte ich, bleibt er nicht am Berg hängen in seiner christlichen Höflichkeit. Er sprach dann davon, dass Jesus noch eine echte Familie hatte, während Familien heute häufig Patchworkfamilien seien. Er zitierte C. G. Jung und Freud, ich hatte nasse Füße, und die Frau neben mir in der Bank begann zu husten. Wir sangen alle „O du fröhliche“, der Posaunenchor blies dazu, und am Ausgang schüttelte der Pfarrer jedem die Hand und wünschte frohe Weihnachten; ein evangelisches Ritual, das wie ein Versprechen auf Nähe und Gemeinschaft ist, als würde mich hier jemand ganz persönlich meinen. Als Kind brach ich einmal nach einem solchen pfarrerlichen Handschlag in Tränen aus. Ich brauchte ein paar Jahre, um zu begreifen, dass ich als Margrit Irgang gar nicht gemeint war.

Es hatte aufgehört zu schneien. Ich wartete vor der Kirche, bis alle gegangen waren. Man hörte orgelnde Batterien, ein paar Autos wurden angeschoben. Das Hotel war mit Lichterketten behängt, alle Fenster waren erleuchtet; Weihnachten und Silvester sind auf dem Berg die beste Zeit für den Tourismus. Dort drinnen wurden jetzt Gänsebraten und Kalbsfilets aufgetragen, das Hotel war bekannt für seine Küche. Ich ging langsam aus dem Dorf hinaus, durch den unberührten Schnee. Im Sommer war ich hier durch Wiesen gelaufen, zwischen Kornblumen, Lupinen und Orchideen, die größer waren als ich. Es war absolut still. Jetzt sah ich auch den Himmel, den das Hotel mit seinem gleißenden Licht verdunkelt hatte. Er war sehr hoch. Sehr hoch und schwarz. Und die Sterne, die immer zahlreicher zu werden schienen, während ich schaute, sahen aus wie kleine Löcher, als hätten sich Motten am Himmel zu schaffen gemacht. Ich dachte: Hinter dem Himmel ist das Licht, das hätte der Pfarrer sagen sollen.

Er hätte von Verheißung sprechen müssen, von Gnade, vom Mysterium der Geburt. Er hätte Rilke zitieren sollen, Hölderlin, Eliot, er hätte seine Worte in Licht tauchen sollen und dann in die Luft werfen, damit sie leicht und frei werden und wir den Worten trauen können. Wenn ich mich für Psychologie und Soziologie interessiere, befriedige ich mein Interesse nicht in der Kirche. Ich will an diesem besonderen Ort vom ganz Anderen hören, vom Wunder einer Nacht, in dem etwas atemberaubend neu wurde. Ich will, dass er mir sagt, dass dieses Wunder ein Symbol ist und jederzeit wieder geschehen kann und geschieht. Hier, jetzt, in dir und mir. Und dass ich es erfahren kann, jederzeit selbst erfahren.

Ich sagte es mir also selbst. An einem Heiligen Abend am Rand eines Dorfes auf einem Berg im Schwarzwald, im Schnee unter dem durchlöcherten Himmel.

Glücksmoment

Paul, der Weihnachtsgeschenke ablehnt, hat morgen Geburtstag, und ich darf ihm etwas schenken!

Stille Post

Meine Sätze sind heute zu mir zurückgekehrt. Sie sind von der deutschen in die niederländische Sprache gereist, im Transit durch das Englische hindurch und wieder im Deutschen angekommen. Eine Leserin aus Belgien hat mir per E-Mail ein paar ihrer Lieblingssätze aus meinem letzten Buch geschickt; sie hat das Buch auf Niederländisch gelesen und in der richtigen Annahme, dass ich kein Niederländisch verstehe, die Sätze für mich ins Englische übersetzt, um zu verdeutlichen, was ihr so gefallen hat.

Ein Übersetzer ist ein Dienender. Er weiß, dass man Wörter behutsam von einer Sprache in die andere tragen und aufpassen muss, nicht etwa ein Wort unterwegs zu verlieren oder eins, das die Autorin nach Meinung des Übersetzenden eigentlich hätte verwenden sollen und leider nicht verwendet hat, einzufügen. Man muss vor allem den Leerraum zwischen den Wörtern beachten, den Kontext, die Atmosphäre, die Stimmung des Textes, die Sprachmelodie und den Rhythmus. Man muss von der Sache, die da verhandelt wird, etwas verstehen, am besten genauso viel wie die Autorin.

Mein niederländischer Übersetzer Piet Hermans ist Zen-Schüler. Ich stelle mir vor, dass er am Schreibtisch meine Wörter aus der deutschen Sprache in die niederländische trägt wie ein Mönch die Almosenschale: Er nimmt respektvoll entgegen, was ihm angeboten wird, und füllt die Schale der Sprache nicht selbst.

Meine Sätze erreichten mich auf Englisch, ich habe sie ins Deutsche zurückverwandelt, und jedes Wort war an seinem ursprünglichen Platz.

Ich habe gerade im Internet den „Deutschen Diabetes-Risiko-Test“ gemacht, der das Risiko ermittelt, an Typ-2-Diabetes zu erkranken. Mein Testergebnis trug die Überschrift „Ihr Diabetes-Risiko ist noch relativ gering“. „Noch“ und „relativ“ klangen allerdings beunruhigend, wie ein ziemlich prekäres Gleichgewicht, das jederzeit zu meinen Ungunsten kippen kann, in Diabetes vom Typ 2. Im Fließtext erfuhr ich dann, das Risiko betrage zur Zeit 1 %, ich könne es aber auf 0,7 % senken, wenn es mir gelänge, meinen Taillenumfang um 4 cm zu verkleinern.

In allen Bereichen setzen wir obere Grenzwerte fest, mir scheint aber, wir brauchen ebenso dringend untere Grenzwerte, die festlegen, wann etwas genug ist. Wann wir schlank genug, gesund genug, klug genug, schön genug, erfolgreich genug sind. Die japanische Teezeremonie ist eine der Zen-Künste; sie wird zelebriert nach einem genau festgelegten Ablauf, in dem das Aufgießen des Wassers, das Aufschäumen des Teepulvers, das Reichen der Teeschale bis hin zur Sitzordnung der Gäste, deren Verbeugungen, Trinken und Danksagung vorgeschrieben sind. Auf die rituelle Frage des Teemeisters, ob der Tee denn schmecke, hat der Gast zu antworten: *kekko desu*, das bedeutet „es genügt“. Der Teemeister hat damit höchstes Lob bekommen: Er hat sein Bestes gegeben, und das Ergebnis seiner Bemühungen ist gut genug für den Gast.

Ich habe zum ersten Mal seit zwanzig Jahren einen Vorsatz für das neue Jahr gefasst: Es genug sein lassen.

Der letzte Tote in der Stadt

In jüdischen Familien wird am Jahrestag des Todes eines ihrer Mitglieder eine Kerze angezündet, die vierundzwanzig Stunden brennt. Meine Schwägerin hat sie wieder für meinen vor ein paar Jahren gestorbenen älteren Halbbruder entzündet, und weil sie an diesem Tag, der ihr von Jahr zu Jahr schwerer fällt, nicht allein sein will, hat sie ihre Enkelin eingeladen. Claire, meine fünfjährige Großnichte, fällt beim Anblick der Kerze in brütendes Schweigen.

„Was glaubst du“, fragt meine Schwägerin ungewöhnlich heiter für diesen Tag am Telefon, „was glaubst du, worüber sie nachgedacht hat?“

Vermutlich, denke ich, hat sie die Spannungen in einer multispirituellen Familie kontempliert, die aus Juden, evangelikalen Christen, einem toten unbeugsam atheistischen Großvater, meinem Bruder also, und einer dem Buddhismus zugeneigten Großtante bestehen.

Obwohl wir uns redlich bemühen, unsere Vielfalt gut zu meistern. Ich schicke politisch korrekte Weihnachtskarten mit *Merry Christmas* an die Christen, mit *Holiday Greetings* an die Juden. Die Christen verschicken nur eine Variante, ihre. Vielleicht denkt Claire beim Anblick der brennenden Kerze darüber nach, wie man mangelnde Feinfühligkeit beantworten könnte: Mit höflicher Nichtbeachtung, einem Lächeln, einem zarten Hinweis darauf, dass ein Weihnachtsbaum in der Wohnung noch keine Bekehrung bedeutet?

Nein, natürlich denkt man mit fünf Jahren nicht über diese Fragen nach. Vielleicht hat sie entdeckt, dass wir zu viele Tote in der Familie haben, und diese sind auch noch zu jung gestorben. Jüdische Familien haben groß zu sein, ihre ist ziemlich mickrig.

„Sie sagt kein einziges Wort“, erzählt meine Schwägerin, „und fährt mit Jeff nach Hause.“

Vater und Tochter also sitzen im Auto, und in sicherer Entfernung von den Ohren der *Granny* fragt Claire ihren Vater, wer der nächste Tote sein wird. Ich stelle mir Jeffs fassungsloses Gesicht vor: Der nächste Tote? In unserer Familie? (Natürlich Großmama, sie ist die Älteste. Wie taktvoll von der Kleinen, im Haus vorhin geschwiegen zu haben!)

„Nein“, sagt Claire, „der nächste Tote in der Stadt.“

Ist das gesund, dass eine Fünfjährige über Tote nachdenkt? Die Urne mit der Asche meines Bruders steht bei meiner Schwägerin auf dem Schlafzimmerschrank. Man weiß ja immer nicht recht, wohin mit einem toten Atheisten, dessen entschiedene Anweisung „kein Priester, keine Feier, kein Grab" pietätvoll beachtet werden soll. Claire nähert sich dem Schrank nie ohne Scheu und fragte schon einmal meine Schwägerin: „Ist da wirklich Opa drin?"

Jetzt, im Auto zwischen der East Breton Road und dem Maple Drive, sagt Claire: „Ich will nicht die Letzte in der Stadt sein, die stirbt. Ich will die Drittletzte oder Viertletzte sein."

„Warum sagst du das?", fragt der bestürzte Vater.

„Weil der Letzte alles aufräumen muss", sagt Claire. „Ich will nicht alles aufräumen müssen."

Ich bin wieder einmal glücklich, zu einer so klugen Familie zu gehören. In der schon eine Fünfjährige das Problem mit dem Tod in einen absolut überzeugenden Gedanken zusammenfasst: Sorge gefälligst dafür, dass du deinen Dreck wegräumst, solange du noch am Leben bist. Damit nicht die anderen hinter dir aufräumen müssen.

JANUAR

Auf fernen Höfen
bellen Hunde
in der Nacht

Was wüsste ich
von diesem schwarzen schweigend
sich über die Tannen wölbenden
Nichts dem Raum
in den die Sterne lautlos fallen
was wüsste ich
vom Schlaf der Dinge
zwischen zwei und drei
vom Berg von dem
kein Stein schlägt

würden sie nicht die Stille bewachen
die bellenden Hunde
auf den unbekannten
Höfen in der Nacht

Die zuckenden bunten Lämpchen in den Fenstern und die erleuchteten Rehe und Sterne in den Gärten sind verschwunden, und aus den plumpen, an den Balkongittern hängenden Weihnachtsmännern wurde die Luft abgelassen. Noch einmal schickte das Licht seine Boten in Gestalt der Sternsinger, die vor ein paar Tagen vor meiner Tür standen. Der Kleine mit Mutters Tischdecke um die Schultern, die Große, der das Schwenken des Weihrauchtopfes etwas peinlich war, und ein unheimlich schwarz Bemalter, der mit der Sammelbüchse rasselte. Auf den modernen, lackierten Türen lässt sich nicht gut schreiben, deshalb hatten sie für ihren Segen praktischerweise schiefertafelgraue Klebestreifen dabei. Sie zogen einen für mich ab und pappten ihn auf meinen Türstock. *20C+M+B+13*

Jetzt ist es sehr still im Dorf, sehr dunkel am frühen Morgen, und sehr kalt. Ich zünde eine Kerze an, um die dunkelste Stunde der kältesten Zeit des Jahres ein wenig zu erhellen. Ich darf nie vergessen, dass diese Stunde für immer Teil von mir ist; sie ist mein dunkler Kern, die Stunde meiner Geburt.

Ein weiteres Jahr des Wanderns auf der unsichtbaren Straße liegt vor mir. Seit einiger Zeit spüre ich, dass die Reise kein Ziel haben wird. Es wird keinen Ort der Ankunft geben, kein Erreichen, nichts, das man Vollendung nennen könnte.

„Am Ende meiner Reise ohne Ziel will ich fallen in Ginsterblüten." (Der Haiku-Dichter Sora)

Oder in Berglupinen.

Oder Wicken?

Würde

Er trägt einen Cut, darunter eine weiße Weste, weiße Hosen, weißes Hemd. Das Einstecktuch: blütenweiß. Die Fliege im kleinen Vichy-Karo, schwarz-weiß. Aber er hat natürlich längst begriffen, dass nur unkreative Menschen einen Stil streng durchhalten. Es braucht einen kleinen Bruch, eine Überraschung für die Augen des Betrachters, sodass der Geist, der bereits eingeordnet hatte, was die Augen ihm übermitteln (Prominenter auf dem Weg zum Staatsempfang) irritiert wird und seine Gewissheit verliert. Deshalb das rote Band auf dem Hut und die Brille ohne Gläser. Der Mann ist schwarz und flaniert durch den Dreck der unbefestigten Straßen von Brazzaville.

Ein anderer trägt gelbe Hosen, die roten Socken und die passende Krawatte nehmen das Gelb auf in zarten Streifen, während der Nächste – er kann sich wegen seiner verdrehten Hüfte nur mit Hilfe eines Stockes, auf dem er gleichzeitig steht und sitzt, aufrecht halten – zum dunkelblauen Anzug ein hellblaues Hemd mit Manschettenknöpfen trägt und, lässig auf den fast haarlosen Schädel geschoben, eine Brille, die sehr nach einer echten Ray-Ban aussieht. Hinter ihm die Hütten mit den Wellblechdächern, unter ihm der Lehm und Dreck eines Stadtrandviertels von Brazzaville, Kongo.

Sie sind Mitglieder von SAPE (Société des Ambianceurs et des Personnes Elegantes). Sie sind arm, viele haben keine Arbeit, aber sie kleiden sich mit Eleganz, achten auf beste Manieren und bewegen sich mit Würde durch ein Land, das durch zahllose Bürgerkriege am Boden zerstört ist. Sie werden angegriffen. „Das Land muss wieder aufgebaut werden!", rufen ihre Kritiker scharf. Mode ist völlig unwichtig, wir brauchen Schulen, Kliniken, Arbeitsplätze! Als ich die Fotos der Mitglieder von SAPE des italienischen Fotografen Francesco Giusti sah, erinnerten mich die Männer darauf an den Zen-Meister Shunryu Suzuki, der einmal sagte: „I wear my robe to behave myself."

Diese Männer wählen ihre Kleidung nicht für die Person, die sie innerhalb ihrer Gesellschaft in diesem Moment ihres Lebens mehr oder weniger zufällig sind. Sie kleiden vielmehr ihr wahres Ich, den strahlenden, seit jeher erleuchteten Kern jedes Menschen, den der Buddhismus *Buddhanatur* nennt. All diese Einstecktücher, Spazierstöcke und Elfenbeinpfeifen sind Ausdruck dessen, was sie wirklich sind: Menschen voller Würde, die mit ihrem Anblick andere Menschen ermuntern wollen, sich nicht gehen zu lassen.

Denn Menschen, die ein Land wieder aufbauen müssen, brauchen einen unendlichen Glauben an den Wert ihrer eigenen Würde.

Eines Tages im Winter vergaß meine Mutter, das übliche Frühjahrskostüm bei ihrer Schneiderin zu bestellen. Sie trug auf einmal eine grüne Strickjacke zum hellblauen Rock, dazu braune Schuhe, und wenn sie hinausging, setzte sie keinen Hut mehr auf, sondern band ein Kopftuch um. Sie hatte viele Jahre ihres Lebens schöne Strickmoden entworfen und war lange Zeit mein Vorbild an Stil gewesen. In jenem Winter interessierte sie sich auf einmal nicht mehr für Farben und Formen.

Drei Monate später war sie tot.

Aufwachen nachts um zwei. Die Stille ist absolut. Kein Rauschen, Rufen, Klopfen, Klingeln, Summen. Kein Auto fährt. Keine S-Bahn. Ist einmal, endlich, in dieser Stunde jeder dort, wo er hingehört? Und will einmal, endlich, an keinen anderen Ort eilen in der Hoffnung, er sei schöner, besser, bunter, lustiger, lohnender?

„Seine Wohnung in einem Nadelöhr aufschlagen." Diesen schönen Satz habe ich in den Vogelgesprächen des persischen Mystikers Farid ud-Din Attar gelesen.

Irgendwo muss der Mensch ja wohnen. Selbst „unter der Brücke" kann eine Adresse sein; es gibt Obdachlose, hörte ich, die dort gelegentlich Post empfangen, vom Sozialamt oder so. Warum also nicht ein Nadelöhr. Offen nach zwei Seiten hin; mit einem Eingang, aber auch, das ist wichtig, einem Ausgang. Gut, es ist ein Durchgangsort und nicht auf Dauer angelegt. Aber was bedeutet Dauer? Für keine Religion ist „Dauer“ eine Qualität des irdischen Lebens.

Ein Sufi gerät ins Nadelöhr, wenn er auf seinem Weg in den Zustand von *quabd* geworfen wird. *Quabd* bedeutet Zusammenpressen, im Gegensatz zu *bast*, dem Zustand der Ausdehnung, der Freude. Über dem Nadelöhr also hängt eine dunkle Wolke, und nichts, was sein Bewohner tun könnte, wird sie vertreiben. Und doch darf er sich nicht einfach hinlegen und hoffen, für immer einzuschlafen. Er oder sie muss in Bewegung bleiben, denn im Leben gibt es keinen Stillstand. Wie also soll sich der Nadelöhrbewohner verhalten?

Das Zen hat eine Antwort darauf: Tue, als tätest du nicht.

Die Sängerin und die Absichtslosigkeit

Heute bin ich meiner Vergangenheit und möglichen Zukunft begegnet. Die Begegnung dauerte 3 Minuten und 15 Sekunden und fand auf youtube statt. Ich recherchierte für ein Rundfunk-Feature, klickte mich durch diverse Links und landete in den 1960er Jahren.

Das Video also. 9. Februar 2011, Weißes Haus, East Room. Auf der Bühne steht, für ein einziges Lied in diesen Raum gebeten, eine zierliche Frau. Ihre Haare sind grau, sie ist schön. Als sie die Stimme der Bürgerrechtsbewegung wurde und mit Martin Luther King auf der Bühne stand, waren ihre Züge noch weich und vage; es war das Gesicht eines Menschen, der seine Richtung noch nicht gefunden hat. Jetzt ist dieses Gesicht vollendet. Das Leben hat siebzig Jahre an ihm gearbeitet, und ich stelle mir vor, dass das Leben, wenn es ein Bildhauer wäre, sein

Werk betrachten und feststellen würde: Es ist gut. *A Celebration of Music from the Civil Rights Movement* heißt dieser Abend; sie ist nur ein Gast unter mehreren. In der ersten Reihe sitzen strahlend und erwartungsvoll Barack und Michelle Obama mit den Töchtern, und Joan Baez, die verstärkte akustische Gitarre umgehängt, wartet darauf, dass der Applaus verebbt.

Ich hatte jede Platte von ihr. Sonntags lag ich auf dem Teppich im Wohnzimmer und hörte mir immer wieder dieselben Balladen an, ihre Interpretationen der amerikanischen Folksongs. *Silver Dagger. Scarborough Fair.* Jetzt sitze ich wie die Familie Obama auf meinem Stuhl, erwartungsvoll und von meiner gleich einsetzenden Begeisterung überzeugt. Im East Room des White House ist der Applaus verstummt. Die zierliche grauhaarige Frau, sie hat nie viel gesprochen, sagt auch hier nur einen Satz: „President, First Lady, your family, you are so much love."

Für Sätze wie diese wurde sie von etlichen Journalisten mit Hohn überschüttet. Sie trat für Bürgerrechte ein, aber ihr Ernst wurde angezweifelt. Man warf ihr Naivität und Harmlosigkeit vor; sie galt, obwohl sie keinerlei Berührung suchte mit der Hippie-Bewegung, als ein vorübergehendes Phänomen der Flower-Power-Zeit mit ihrer Parole „Make love, not war". Ihre Schweigsamkeit wurde ihr als Arroganz ausgelegt, ihre angeblich immer gleiche Interpretation aller Songs als einfallslos und langweilig. Sie war im Amerika der sechziger Jahre des letzten Jahrhunderts eine Ausnahmeerscheinung, die man nicht einordnen konnte.

Jetzt beginnt die Frau auf meinem Monitor zu singen. Oder nein, sie stimmt sich erst ein, singen kann man das nicht nennen. Vielleicht ist ihre Maschine gerade erst gelandet, Schneesturm über Washington, wer weiß, und sie musste ohne Probe sofort auf die Bühne. Gleich wird sie sich räuspern, um ihre Stimme von diesem Belag zu befreien. Was stimmt sie da an? *We shall overcome.* Sie sang es, als sie neben Martin Luther King auf der

Bühne in Alabama stand, die Menge der Schwarzen sang den Refrain, und ihr strahlender Sopran legte die unverzichtbare Oberstimme darüber, die dem Lied, das von Tapferkeit und Trotz spricht, das hinzufügt, was man braucht, um zu siegen: die jubelnde Gewissheit. Sie raspelt den Refrain herunter. Ihr Gesicht wirkt angestrengt. Sie atmet schwer zwischen den Zeilen, die Stimme ist brüchig. Was geht vor in ihr in diesem Moment, wie groß, meint sie, ist ihr Anteil an dem, was sich in den fünfzig Jahren seit den Nächten in Alabama ereignet hat in ihrem Land?

Sie singt das Lied für einen farbigen Präsidenten.

Jetzt erzählt sie, wie viel Angst Martin Luther King hatte, öffentlich für die Rechte der Schwarzen einzutreten. Und wie sie sagte, dann erheben wir alle gemeinsam unsere Stimmen, dann haben wir mehr Kraft. Sie gibt den vielleicht Dreihundert im East Room des Weißen Hauses die dritte Zeile des Refrains vor, die einst von Hunderttausenden gesungen wurde. Die Dreihundert singen sie nur zögernd nach, vielleicht ist es ihnen ein wenig peinlich, Weißen wie Farbigen, die Worte passen auch irgendwie nicht unter die Kristalllüster und zwischen die samtbespannten Sessel: „We are not afraid." Kein strahlender Sopran schwingt sich zur Oberstimme auf. Eine flüsternde, wacklige Stimme bringt schwer atmend die Hymne zu Ende.

Einmal, es ist noch nicht lange her, wurde sie gefragt, ob das, was sie erreicht habe im Leben, sie zufrieden mache. Der Weltruhm, das Geld, die Begeisterung der Menschen. Sie soll lange geschwiegen und dann gesagt haben, sie habe nie etwas anderes sein wollen als ein Troubadour.

Von der Liebe singen. Schönheit erschaffen.

Mich beschäftigt seit einiger Zeit die Frage, ob ich eines Morgens aufwachen werde und nicht mehr schreiben kann. Ich werde, stelle ich mir vor, monatelang vor dem Monitor sitzen, auf dem sich der Bildschirmschoner dreht. Erlebnisse und Wahrnehmungen werden nicht mehr *Sprache* werden, die Worte werden sich mir verweigern, Formempfindungen werden verfließen. So denke ich mir allerhand aus in diesem Winter, wenn es still ist im Haus, der Regen auf die Dachfenster trommelt und der Sturm die große Thuja samt Kübel auf dem Balkon flachlegt.

Sie dagegen tut, was sie immer getan hat, sie singt. Ein Troubadour auf einem Marktplatz, die Menge der Zuhörer ist egal. Was ist Gelingen, was Qualität? Ihre Kritiker haben darüber sicher einiges zu sagen. Was sie nicht sagen werden, ist, dass hier jemand, seinem Weltruhm zum Trotz, seine Reinheit erhalten hat. Sie werden das nicht einmal erkennen. Deshalb wird nirgendwo zu lesen sein, dass eine außergewöhnliche kleine Frau mit grauen Haaren am 9. Februar 2011 für 3 Minuten und 15 Sekunden der Welt eine Lektion erteilt hat über Absichtslosigkeit und die vollkommene Präsenz im gegenwärtigen Augenblick.

Was ist Reinheit?

Es gibt so etwas wie „verbotene Wörter“. Von Zeit zu Zeit wird die Liste neu erstellt, einige alte Bekannte bleiben, ein paar neue werden aufgenommen. Der Verfasser dieser Liste ist der Zeitgeist, also wir alle. Banken brechen zusammen, die Zahl der Arbeitslosen steigt oder sinkt, Terrorismus droht? Wir werden diese unmerklichen Verschiebungen im Gesellschaftsgefüge in unserem Lebensgefühl wiederfinden, ohne sie darin zu erkennen. Die Zeichen sind fein, aber auf Dauer unübersehbar: Allmählich werden uns einzelne Wörter, die wir vor Kurzem noch selbstverständlich benutzt haben, unangemessen vorkommen, unpräzise, geradezu widerwärtig. Sie erinnern uns an Verlorenes, an das wir nicht erinnert werden wollen, oder sie behaupten etwas noch lange nicht Eingetretenes, nach dem wir uns im Tiefsten sehnen.

Als ich sechzehn war, durfte man das Wort Reinheit noch benutzen. Es hatte jedoch schon die Aura von etwas gefährlich Naivem; eine Weltsicht, die man mit sechzehn gerade noch haben durfte, die sich aber hoffentlich rasch auswachsen würde. Irgendwann ist das Wort in die Liste der verbotenen Wörter geraten. Ich bemerkte es erst, als ich ihm in einem Buch des Sufi-Lehrers Reshad Feild wieder begegnete. Rein zu sein bedeute, lässt Reshad dort seinen Lehrer Hamid sagen, „vollkommen anpassungsfähig zu sein, mit dem Augenblick zu fließen, wie ein dahinfließender Strom zu sein".

Es bedeutet, zu tun, als täte man nicht.

Ein dahinfließender Strom lässt sich nicht aufhalten. Er umspült die Felsen, die ihm deshalb nicht „im Weg" sind, und weil er fließt, wachsen keine Algen auf ihm, trägt er keinen Schlamm mit sich. Sein Wasser ist sauber, es ist „rein". Ein Mensch, der mit dem Augenblick fließt, nimmt genau wahr, was ihm begegnet und antwortet angemessen darauf. Wenn sich ihm ein Felsen in den Weg stellt, den er im Moment nicht besteigen möchte, setzt er sich nicht hin und grübelt über das von ihm nun erwartete politisch korrekte, vorteilhafte, unauffällige oder im Gegenteil möglichst publikumswirksame Handeln nach. Er oder sie fließt sanft und ohne großes Aufhebens um das Hindernis herum. Er ist stets auf alles vorbereitet, auch auf unangenehme Wendungen, aber sein Vorbereitetsein besteht nicht darin, sein Konto zu füllen, Unmengen von Versicherungen abzuschließen und sich ein Netzwerk aus einflussreichen Leuten zuzulegen. Er hat seine hellwache Aufmerksamkeit, seine geschulte Wahrnehmung, seinen von unnützen Gedanken befreiten klaren Geist. Er oder sie ist bestens ausgestattet, es mit allen Gefahren, Hindernissen und plötzlichen Glücksfällen aufzunehmen. (Die plötzlichen Glücksfälle sind die gefährlichste Variante.)

Ein reiner Mensch ist ein Schüler des Augenblicks.

Ich werde den Begriff Zen, der in Gefahr ist, auf meine eigene Liste der verbotenen Wörter zu rutschen, ersetzen. Ich werde, wenn mich jemand fragt, was ich praktiziere, sagen: Ich bin eine Schülerin des Augenblicks.

Glücksmoment

Einen aufregenden, genau und hinreißend neu formulierten Satz in einem Roman von 600 Seiten gefunden.

Nachhaltigkeit, Sparsamkeit, Genügsamkeit

Er bleibt auf der Schwelle der Balkontür stehen, das rechte Vorderbein erhoben, die Pfote hängt weich und entspannt, bereit, gleich auf das Parkett im Wohnzimmer gesetzt zu werden. Aber er zögert. Etwas ist neu hier, er weiß es genau, seine Katzenantennen haben Alarm gemeldet. Er blickt umher.

Sie steht in der Ecke, sage ich entschuldigend.

Das hat er inzwischen auch begriffen. Langsam, sehr langsam bewegt er sich, setzt die Pfoten zögernd auf den Teppich, als sende das neue Ding Wellen des Widerstands aus, gegen die er mit aller Kraft angehen muss. Die Schnurrhaare zittern, die rosa Nase senkt sich vorsichtig auf das Messing.

Es ist eine Lampe, sage ich erklärend.

Das interessiert ihn nicht. Für ihn könnte es auch etwas anderes sein, ein Kissen, ein Topf oder Hauspantoffeln. Was ihn alarmiert, ist der fremde Geruch, und ihn verwirrt, dass in einer Ecke, in der vorher nichts war, jetzt etwas ist.

Du wirst dich daran gewöhnen, sage ich.

Er wird sich schneller an die Lampe gewöhnen als ich, die mit den Dingen lange fremdelt. Ich weiß nicht, wieso andere

Menschen fröhlich und unentwegt Dinge nach Hause tragen und anscheinend auf der Stelle mit ihnen per Du sind. Ich werde mit Fremden nicht so schnell warm, das bemerken die Betroffenen, und wenn der Fremde ein Toaster, ein Bügelbrett oder eine Schale ist, steht er bei mir erst einmal allein in der Ecke herum. Das tut mir leid, aber so ist es. Ich brauche Zeit, um ihn kennenzulernen und in das Ensemble der anderen Dinge zu integrieren. Manchmal ist er eigenwillig und fügt sich dort, wo ich ihn hinstelle, nicht ein. Manchmal habe ich den Eindruck, die anderen Dinge nehmen ihn nicht an. Dann wickle ich den Fremden sorgfältig in das Papier oder die Luftfolie und trage ihn zurück. Er passt nicht zu uns, sage ich dann entschuldigend zu dem Verkäufer, der mich, das sehe ich ihm an, für eine besonders schwierige Kundin hält.

Weil das alles so mühsam ist, habe ich eine weitgehend leere Wohnung. Und weil ich nur das Nötigste besitze, wird selten etwas weggeworfen.

In der Schule von Thich Nhât Hanh wird großer Wert auf das achtsame Handeln im Alltag gelegt. Ich habe an zahlreichen Gesprächsrunden teilgenommen, in denen Begriffe wie Nachhaltigkeit, Sparsamkeit, Genügsamkeit diskutiert wurden. Die Teilnehmer gelobten dann etwa, in Zukunft weniger zu kaufen oder Geräte und Autos gemeinschaftlich zu teilen. Ich schwieg dann immer. Was hätte ich dazu beitragen sollen. Dass die Dinge ihr eigenes Sein besitzen und wir sie lange beschnuppern müssen, um herauszufinden, ob sie zu uns passen? Was ganz von selbst die Begriffe Nachhaltigkeit, Sparsamkeit und Genügsamkeit überflüssig machen würde, denn sie umzusetzen, erfordert einen intellektuellen Akt, einen Entschluss, einen Vorsatz, während meine Art des Umgangs mit den Dingen organisch ist, lauschend und spürend; sie setzt eine Gemeinschaft voraus zwischen Mensch und Ding. Aber wir lieben ja Begriffe, sie stehen in allen Zeitungen, das Fernsehen verwendet sie, und wir haben das gute Gefühl, *begriffen* zu haben, wofür sie stehen.

Vielleicht muss man hin und wieder Besuch von einer Katze bekommen, um das zu verstehen.

Tempel 3

An den Wänden vergilbte Tütenlampen aus den 1950er Jahren, sparsam erhellt mit 25-Watt-Kerzenbirnen. Eine verstaubte Stehlampe mit Samttroddeln neben einem Sofa, dessen Bezug einmal grün gewesen sein muss. Der Tag hat schon am Morgen die Mühe der Lichterschaffung aufgegeben, um drei Uhr geht er schlafen. Hinter der beschlagenen Schaufensterscheibe mit der halben Tüllgardine hasten Schemen mit hochgestellten Jackenkrägen vorbei. Die Bedienung ist jung und zur Freude des einzigen Gastes an Dienstleistungen nicht interessiert. Sie hat eine Tasse heiße Schokolade auf den Tisch geknallt und sich wieder in die Welt ihres Taschenbuchs mit dem grellbunten Umschlag versenkt. An der Espressomaschine blinkt ein rotes Lämpchen. Hinter der Schaufensterscheibe in beruhigender Entfernung die große fremde Stadt.
(Ein Café in einer Seitenstraße irgendwo in Köln)

F E B R U A R

Heute Nacht hat die Katze
im Schnee
eine Kette geschnürt
Schritt für Schritt:

Hundert leere
Blumenförmchen
gefüllt mit Mondlicht
bis zum Rand

Ein Mönch fragte einst Meister Fuketsu: „Die Rede verdirbt die Transzendenz, und das Schweigen verdirbt die Manifestation. Wie kann ich Reden und Schweigen verbinden, ohne die Wirklichkeit zu verderben?"

Der Meister sagte: „Wie gerne erinnere ich mich an die Frühlingslandschaft, in der Rebhühner riefen inmitten duftender Blüten!"

Dichter sind rufende Rebhühner.

Glücksmoment

Die vor zwei Jahren an Jens geschickte E-Mail ist heute von ihm beantwortet worden.

Exkurs über das Nicht-Mögen

Gestern schien die Sonne, heute ist der Himmel grau. Ein Grau im Ton von seit Jahren in Gebrauch befindlichen Bodenwischlappen. Windböen rütteln am Rollladenkasten, die Tannen im Nachbargarten schunkeln.

Ich lasse Wasser in den Schnellkocher laufen und stelle den Schalter auf *On*. Aus dem Müsli habe ich vor ein paar Tagen alle Nüsse gefischt, es besteht nur noch aus drei Sorten Flocken. Ich nehme die Milch aus dem Kühlschrank, die gestern noch in Ordnung war. Über Nacht hat sie sich in eine säuerlich riechende gelbe Masse verwandelt.

Heute ist Faschings-Sonntag. Der Tag, an dem in dieser Gegend Deutschlands erwachsene Menschen in langen weißen Nachthemden durch die Straßen laufen, krachend dumme Lieder grölen und Bierflaschen schwenken. Ich verabscheue kollektive Fröhlichkeit, sie ist der schnellste Weg, mich in die Depression zu schicken.

Das Wasser beginnt im Kocher zu sieden mit dem ganz speziellen zischenden Ton, der entsteht, wenn die Heizröhren verkalkt sind. Ich raspele einen Apfel über die Flocken. Warum raspele ich jeden Morgen Apfel über das immer gleiche Müsli? Warum nicht zur Abwechslung mal Rührei und Marmeladenbrot? Warum nicht im Café frühstücken? Warum nicht alles stehen und liegen lassen und nach Indien fahren? In Kerala ist es im Februar warm, und man kann für ein paar Rupien eine Hütte am Strand mieten.

Auf dem Balkon greift sich der Wind die Gießkanne und schleudert sie an die Wand. Ich mag kein Müsli ohne Nüsse, keinen Kaffee ohne Milch, keinen Himmel ohne Sonne, keine Luftschlangen, kein Konfetti.

Niemand kann mir verbieten, etwas nicht zu mögen.

Mit grimmiger Begeisterung blicke ich umher. Da ich schon dabei bin, will ich noch ganz anderes nicht mögen. Die ungeputzten Fenster, Orgelmusik im Radio morgens um acht, das misslungene Buch über Mythologie, das ich für den Rundfunk besprechen soll, das ferne Brausen der Schnellstraße (sind die schon oder noch unterwegs?).

Niemand kann mir verbieten, das alles grässlich, widerwärtig, unausstehlich zu finden!

Hoffnungsvoll sehe ich mich um, ob da nicht doch einer ist, der mir etwas verbieten will, damit ich so richtig groß und weltumstürzend wütend werden kann. Niemand da.

Im Radio beginnt das Wort zum Sonntag.

Der Samurai Shōsan Suzuki wurde im Jahr 1620 Mönch. Er verachtete jede Art Institution und trat nie in ein Kloster ein. Er sprach zu den einfachen Menschen, die keine hohe Bildung hatten, und tat es in einfachen Worten. „Buddhismus", sagte er zu ihnen, ist „keine abstrakte Lehre, sondern eine Lebensweise: für den Krieger die Kriegerweise; für den Bauern die Bauernweise; für den Handwerker die Handwerkerweise und für den Kaufmann die Kaufmannsweise."

Jeden Morgen von etwa acht bis zwölf praktiziere ich Buddhismus. Mein Tempel hat 12 Quadratmeter, und wenn eine E-Mail hereinkommt, schlägt der Computer seine Glocke an. Dann atme ich drei Mal bewusst ein und aus. Über dem Dachfenster rasen die Wolken oder der Mond geht schlafen und die Sonne steht auf. Im Sommer schnarren die Frösche am Bach, ab und an fällt ein Storch im Sturzflug herunter und schnappt sich sein Essen auf Storchenweise.

Manchmal singe ich ein wenig; in einem Tempel muss es Gesang geben. Wandhoch im Hintergrund die Bände meiner ehrwürdigen Bibliothek. Die Tastatur ist meine Trommel, meine Finger schlagen sie an. Der rhythmische liebliche Klang der Schriftstellerweise – möge er nie verklingen!

Die Inuit sagen: „Es gibt für jeden Tag zwei Pläne – meinen Plan und den des Geheimnisses."

Exkurs über das Lieben, also: über den Schmerz

Er liegt reglos auf seinem Kissen. Die Augen sind glanzlos, die kleine Nase, sonst perlmuttrosa, ist gerötet. Dem Bällchen, das ich lockend werfe, weil es so schön über das Parkett rollt, blickt er müde nach. Noch vor ein paar Tagen war dies die Aufforderung zur großen Jagd in der jeden Morgen energisch eingeforderten Spielstunde, ohne die sein Katzentag nicht begonnen werden konnte. Etwas in ihm erinnert sich an das selige Rasen durch weit offene Wohnungstüren, während die Teppiche fliegen und aus entfernten Ecken vergessene Staubmäuse hervorwirbeln. Leise zuckt seine Schwanzspitze, vielleicht eher als Entschuldigung, weil die Spielstunde heute ausfallen muss; ein kleines Geschenk seiner feinen Katzenhöflichkeit an den von ihm adoptierten Menschen, der so verstört ist. Er ist einfach nur müde von dem, was da in ihm nagt oder wächst oder wütet oder brennt, das Etwas, für das er keinen Ausdruck hat, dessen Namen er nicht nennen kann und dem er deshalb ausgeliefert bleibt, und ich mit ihm. Er legt seinen Kopf in meine Hand, diese Hand, von der er bisher nur Gutes erfahren hat, also hat er keinen Grund, ihr jetzt nicht zu trauen. Ich knie vor dem Kissen, den schwarzgrauweiß gestreiften Kopf in meiner Hand, und er wird immer schwerer.

Man muss den richtigen Namen wissen! Der richtige Name, fest und entschlossen ausgesprochen, löst den bösen Zauber! Das wissen alle Schamanen, das wissen unsere Märchen, das weiß jeder Schriftsteller. Das genaue Benennen wirft Licht auf die Sache, erhellt das gefährliche Dunkel, nimmt dem Bösen die Macht. Ich will einen Namen haben für das, was meinem Kater geschieht! Sein Kopf hat einen schwarzen Fellstreifen genau in der Mitte, die Nasenflügel in der kleinen weißen Maske heben und senken sich, und ich habe keinen Begriff zur Verfügung, mit dem ich die Situation hier erklären und in eine beruhigende Distanz rücken könnte.

Da ist nur das leichte Pulsieren der Bauchdecke und das Schnurren in der Kehle, die in meiner Hand liegt. Draußen fährt die Müllabfuhr vor. Ein Montagmorgen um neun.

„Geliebte Menschen und der Wunsch nach Erlangen / verhindern die Abneigung gegen das weltliche Leben. / Deshalb müssen diese als Erstes aufgegeben werden“, sagt Shantideva, der große buddhistische Weise aus dem 8. Jahrhundert. Ein Mönch. Natürlich ein Mönch.

Wir Laienschüler von buddhistischen und Zen-Meistern kriegen die Abneigung gegen das weltliche Leben einfach nicht hin. Wir verlieben uns und heiraten, setzen Kinder in die Welt, schaffen uns Katzen an. Die amerikanische buddhistische Nonne Pema Chödrön, die aus ihrem früheren Leben zwei Kinder hat, gibt sich, schon aus eigenem Interesse, Mühe, die Zeilen von Shantideva für Laien handhabbar zu machen. Nicht die geliebten Menschen selbst seien das Problem, erklärt sie, sondern die unrealistischen Hoffnungen, mit denen wir sie beladen würden. Die Hoffnung also, sie könnten uns die Erfüllung geben, die wir in uns selbst finden müssen.

Eine gut gemeinte Interpretation, aber sie ist durch ein westliches Weichspülbad gezogen worden, um Laienschüler nicht von vornherein abzuschrecken. In buddhistisch-monastisch geführten Zen-Schulen werden die Zeilen von Shantideva häufig wörtlich genommen; im Grunde gelten Laien als unfähig, die Erleuchtung zu realisieren. Das sagt man ihnen nicht so deutlich, aber wer länger dort praktiziert, spürt es. Auch der jüngste Mönch, die jüngste Nonne steht in der Hierarchie über ihnen und erteilt manchmal einem im Alltag gestählten Familienvater oder einer berufstätigen alleinerziehenden Mutter Belehrungen, die mit der Realität ihres Lebens wenig zu tun haben. Ich kenne eine amerikanische Nonne, die einst ihren Lehrer um die Erlaubnis bat, an der Hochzeit ihres Sohnes teilnehmen zu dürfen. Als er es ihr abschlug, war sie traurig, deshalb erlaubte er es in letzter Minute doch. Eine andere Nonne sagte mir später, diese Bitte und die Reise habe der Praxis der Schwester sehr geschadet.

Seit über dreißig Jahren denke ich darüber nach, wie eine hilfreiche Zen-Praxis für Laien aussehen müsste. Eine Praxis, die das Beste aus der monastischen Lebensform verbindet mit dem Wertvollsten, das ein ganz alltägliches Leben als Frau und Mann schenken kann. Ich habe die Lösung nicht gefunden, aber die Richtung glaube ich zu kennen.

Als der Mann meiner Mutter gestorben war, wollte ich ihr einen Hund schenken. Einen kleinen Rauhaardackel vielleicht, weil sie die mochte, oder auch eine andere Rasse, sie hatte die Wahl. Als ich ihr das sagte, erstarrte meine Mutter in einem vorweggenommenen Schock. „Ich hänge mein Herz nie wieder an etwas, das vor mir sterben kann“, sagte sie.

Mein Vorschlag wäre die Gründung einer neuen Schule, die den Zusatz „Zen“ nicht mehr brauchte: *Die Schule der brechenden Herzen*. (Ein ziemlich pathetischer Name, aber so weiß man doch gleich, was einen erwartet.) Ihr Meister ist der Schmerz, er hat höchste Autorität. Diesen Meister wählt man sich nicht aus einer Reihe möglicher Meister; man rennt, ohne es zu wissen, in seine weit offenen Arme. Vielleicht ist sogar er es, der sich seine Schüler sucht (Meister und Schüler müssen zusammenpassen, deshalb hat der Meister meiner etwas exklusiven Schule wahrscheinlich nur einen kleinen Kreis um sich). Er ist streng, geradezu unbarmherzig. Bitten werden nicht angehört, Vorlieben nicht bedient. Niemand darf sich aussuchen, wann und wo sein Herz brechen wird und wer oder was der Anlass dafür ist. Und doch sind die Anweisungen des Meisters ganz schlicht (wenn auch nicht einfach umzusetzen): „Lass es zu!“, sagt er sanft. „Bleib wach dabei, nimm alles wahr!“, sagt er ruhig. „Atme!“, weist er an.

„Du wirst verstehen“, sagt er leise, „du wirst alles verstehen, wenn du es zulässt.“

Als Helga sehr krank war, schenkte ich ihr einen kleinen fliegenden Engel aus Ton, der eine große Weltkugel auf der Spitze seines Zeigefingers trägt.

Die schwierigste aller Übungen: Das Leichte und das Schwere in die richtige Balance zu bringen. Die nie ein für allemal stimmt, sondern immer neu gefunden werden muss. An jedem Tag, in jeder Stunde, jeder Minute.

Damit wir weiterfliegen können, ohne die Welt fallen zu lassen.

Ein kleiner Kopf reibt sich an meinem Bein. Eine rosa Nase schiebt sich in die Baumwolltasche, die noch nach Markt und Feld und aufregenden fremden Tieren riecht. Vielleicht wurde die Möhre, die ich in der Tasche heim trug, von einem Maulwurf beschnuppert, vielleicht hat sich ein Hase am Lauchstängel gerieben. Ein leises Gurren fordert mich auf, ein Bällchen zu werfen; der vorwurfsvolle Blick, als ich der Aufforderung nicht gleich nachkomme und mich vor Erleichterung erst einmal setzen muss. Der wieder auferstandene Kater verputzt ein Leckerli mit Lamm und Truthahn.

Noch mal gut gegangen.

Ein paar Jahre praktizierte ich in einer Zen-Schule, die ein bestimmtes Abend-Ritual hatte. In der Meditationshalle war das Licht heruntergedimmt, auf dem Altar brannte eine Kerze. An den Fensterläden rüttelte der Wind, hier und dort bewegte ein Schüler vorsichtig seine von einem langen Meditationstag verspannten Schultern. Mit raschelnder Robe erhob sich die Lehrerin, stellte sich neben den Altar und sprach in die tiefe nächtliche Stille: „Von ganzem Herzen sage ich euch: Leben und Tod sind von höchster Bedeutung. Die Zeit vergeht schnell, schon ist die Gelegenheit verpasst. Strebt danach, zu erwachen. Seid achtsam! Beeilt euch, vergeudet euer Leben nicht!"

Vor dreißig Jahren setzte ich mich zum ersten Mal in einem Zendo auf ein Kissen, ganz offiziell als Zen-Schülerin. Ist seither *Zeit vergangen?* Wo ist sie hin? Röchelnd verstorben, von niemandem zu Grabe getragen, nie betrauert, selten erinnert?

Eigentlich habe ich nie nach dem Erwachen gestrebt. Und gerade weil meine Wahrnehmung blitzschnell auf jeden Reiz reagiert, den ich dann mühsam abwehren, prüfen, ordnen oder in mein Leben einbinden muss, bin ich eine Liebhaberin der Langsamkeit.

Und doch: diese Lebendigkeit und Wachheit, die hier aufgerufen wird ...

Wenn mich jemand fragt, ob meine Mutter noch lebt, sage ich: „Sie ist schon lange tot."

Aber das stimmt nicht, meine Mutter ist sehr lebendig. Wenn ich meinen Korb mit den bunten Wollknäueln anschaue oder den Stapel Stoffe, die darauf warten, zugeschnitten und genäht zu werden, sehe ich meine Mutter. Es ist Winter, das Holz im Ofen knackt, sie beugt sich über den Küchentisch, auf dem eine alte Gardine liegt, und sagt: „Aus der mache ich dir einen Rock." Sie trennt drei schon etwas verschlissene Pullover auf und strickt sich aus der Wolle einen neuen in einem herrlichen Sternen- und Rentiermuster. Die Leute in der Stadt hielten uns für wohlhabend, wir waren aber nur einfallsreich. Meine Mutter hätte lieber Kaschmirwolle und Leinenstoffe gekauft, und als ich schließlich zwölf wurde, fand ich Gardinenröcke peinlich und Selbstgestricktes spießig.

Heute weiß ich, dass ich an diesen Winterabenden nicht nur gelernt habe, mit Stoff und Wolle umzugehen: Ich habe gelernt, in etwas scheinbar Hässlichem und Altem neue Möglichkeiten zu entdecken. Es war ein Geschenk fürs ganze Leben.

Winterschlussverkauf im schönsten Stoffgeschäft der Stadt. Ich erstehe den Viscose-Bambus-Jersey, den ich mir zum regulären Preis nicht leisten wollte.

„Weißt du, dass jeder dieser Ballen ein Unikat ist?", fragt Rike, während sie mir eineinhalb Meter abmisst. „Der Stoff wird von zwei alten Damen gewebt; sie entwerfen für jeden Ballen eine andere Farb-Muster-Kombination, weil Wiederholung sie langweilt. Diesen Stoff wird es so nie wieder geben."

Als mein Stoffstück abgeschnitten ist, verbleibt auf dem Ballen noch ein kleiner Rest. Rike legt ihn in den Restekorb; irgend jemand wird ihn gebrauchen können. In der Straßenbahn bewache ich mit Argusaugen die korallenrote Kostbarkeit in der Tüte.

Drei Viertel der mir zugeteilten Zeit ist vergangen. Diese ganz spezielle Farb-Muster-Kombination, die ich mein Leben nenne, wird es so nie wieder geben. Die große Weberin der Welt würde sich sonst langweilen.

Als Hobby-Schneiderin sage ich mir: Aus dem Restchen Leben kann ich noch was Hübsches machen.

Der Mensch der Zukunft

Warum benutze ich immer noch den Begriff „Zen", obwohl Zen, wie Bodhidharma sagte, nichts ist als „Offene Weite", so offen, dass jede Bezeichnung, jedes Etikett, die Weite verengen würde? Weil Spiritualität heute einerseits unter zu großer Enge leidet und andererseits unter Beliebigkeit. Auf der einen Seite des Spektrums die Dogmen der Kirchen aller Religionen, auf der anderen die bunte Welt der positiven Denker und der selbsternannten Heiler und Medien. Wenn ich mich auf das Zen berufe, werbe ich damit um Vertrauen. Sehen Sie – sage ich, fast ein wenig entschuldigend –, was ich praktiziere, ist eine ehrwürdige Tradition. Zen nimmt für sich in Anspruch, die Lehre des Buddha in ihrer Reinform zu vermitteln, ohne die rituellen Formen des religiösen Buddhismus, der sich erst lange nach dem Tod des Buddha entwickelte. Zen hat sich, wenn wir den Beginn der Lehre jetzt einmal bei der Lebenszeit des Buddha ansetzen, seit über zweieinhalbtausend Jahren bewährt; seine Besonderheit ist es, mit Hilfe von klug ausgearbeiteten Übungen eigene spirituelle Erfahrungen des Übenden zu ermöglichen, jenseits von Religion oder Institution. In dieser Zeit hat Zen erstaunlich wenige Scharlatane hervorgebracht, dafür ist es zu streng und kompromisslos. Sie sehen also, sage ich, Sie dürfen mir auf jeden Fall in einem Punkt vertrauen: Ich habe mir das, was ich sage, nicht ausgedacht, ich gebe auch nicht auswendig gelerntes Lehrwissen weiter. Ich spreche einfach aus eigener Erfahrung. Sie mag bescheiden sein, aber es ist meine.

Der Zen-Meister und Benediktinerpater Willigis Jäger sagte einmal, der Mensch der Zukunft werde ein Mystiker sein, oder er werde nicht mehr sein.

Der Mensch der Zukunft wird sich nicht mehr auf eine Kirche oder Konfession berufen, nicht einmal auf eine Religion. Er wird von sich nicht mehr sagen, er sei Christ, Jude, Buddhist, Muslim, Sufi oder Zen-Schüler, und weil er sich nirgendwo zugehörig fühlt, muss er auch keine Schrift, keine Überzeugung, kein Dogma verteidigen. Die Zeit, in der im Namen eines Glaubens Gebäude in Flammen aufgingen, Bomben gelegt, Selbstmordattentate verübt und auf Menschen, die angeblich einen Gott oder Religionsgründer beleidigt haben, hohe Kopfgelder ausgesetzt wurden, wird diesem Menschen wie eine der dunkelsten der Geschichte erscheinen. Eine Zeit, in der die Begriffe jeden Inhalt verloren hatten, in der Meinungen und Überzeugungen zu Fanatismus geworden waren und eine eigene, persönliche Erfahrung des Göttlichen in manchen Ländern geradezu ein Todesurteil bedeutet hätte. Weshalb man es fast als Glück bezeichnen musste, dass eine solche eigene Erfahrung inmitten des Hasses und des Lärms kaum noch möglich war.

Der Mensch der Zukunft wird sehr behutsam umgehen mit Begriffen.

Er wird sich vor allem vor dem Wort „Gott" hüten, weil er weiß, wie beladen mit höchst persönlichen Ansichten dieser Begriff für jeden Einzelnen ist. Er wird wissen, dass jede Aussage über Gott nur eine Aussage sein kann über eine Vorstellung von Gott, die subjektiv, kulturell und geschichtlich geprägt ist. Er wird sich aber auch hüten vor dem Wort „Spiritualität", das er als inhaltsleer empfinden wird und das in der Vergangenheit zu oft von Geschäftemachern missbraucht wurde, die mit Hilfe des Begriffs „Spiritualität" ziemlich viel Geld verdienten. Er wird auch nicht von „Mystik" sprechen, weil das einen Gegensatz beinhalten würde zwischen dem Sichtbaren und dem Unsichtbaren, dem alltäglichen Leben und einem, das angeblich woanders stattfindet.

Der Mensch der Zukunft wird deshalb vermutlich sehr viel schweigen.

Seine Erfahrung des Göttlichen, das er vielleicht ganz anders nennen wird, falls er es überhaupt benennt, benötigt nicht mehr den Rahmen einer traditionellen Praxis. Seine Vorfahren widmeten sich noch stundenlangem Meditieren, Yogaübungen, Rezitationen und Gesängen, um ihr Alltagsbewusstsein zu überwinden und sich einzustimmen auf eine Wirklichkeit, die sie als anders empfanden, als jenseits dessen, was sie gewohnt waren. Was für sie noch Mühe und Arbeit bedeutete, ist der Frau und dem Mann der Zukunft selbstverständlich.

Alles, was sie wahrnehmen, wird sie etwas lehren.

Früher saßen Zen-Schüler mit schmerzhaft verknoteten Beinen auf Kissen in kalten Meditationshallen, zehn Stunden am Tag; der Mensch der Zukunft wird stattdessen in den Wald gehen, vielleicht an den Strand. Wahrscheinlich wird er mit Kindern leben, den großen Zen-Meistern. Vielleicht auch mit Hund oder Katze. So viele Lehrer, wie der Mensch der Zukunft haben wird, hätten die früheren Zen-Schüler sich gar nicht leisten können.

Die Laubbäume werden ihn das unablässige Werden und Vergehen lehren, die Katzen die vibrierende Aufmerksamkeit, der Schnee wird seinen Tagesplan auf den Kopf stellen, die Rockmusik des Nachbarn seine Gelassenheit prüfen. Er wird viel von den Dichtern lernen; im Grunde wird er selbst ein Dichter sein, und sein Gedicht ist sein eigenes Leben. Er wird ein Kunstwerk betrachten und sich selbst begegnen, seinen Träumen oder Ängsten und seinen ungelebten Möglichkeiten. Und wenn er das Glück hat, eine nahestehende Person beim Sterben begleiten zu dürfen, wird er etwas erfahren, das vielleicht sein Leben verändert.

Ich werde diese Zeit nicht mehr erleben, aber sie wird kommen.

Über dem Kandel liegt schon ein Saum aus pfirsichfarbenem Licht, davor wie ein Scherenschnitt eine Krähe auf der Spitze der Fichte.

Das Licht sickert langsam und stetig in die Nacht, die sich vor meinen Augen auflöst.

Quellen

Wilhelm Genazino: „Die Belebung der toten Winkel“, München 2006 (Seite 9 und 10)

Hilde Domin: „Wozu Lyrik heute“, München 1975 (Seite 10)

Sogyal Rinpoche: „Das Tibetische Buch vom Leben und vom Sterben“, aus dem Englischen von Thomas Geist, Bern/München/Wien 1996 (Seite 19)

Taigen Dan Leighton (Hg.): „Das Kultivieren des Leeren Feldes. Praxisanweisungen zur Schweigenden Erleuchtung von Zen-Meister Hongzhi Zhengjue, aus dem Englischen von Munish B. Schiekel, Heidelberg/Leimen 2009 (Seite 36)

Eido Shimano (Hg.): „Like a Dream, Like a Fantasy: Zen Writings of Nyogen Senzaki“, New York 1978 (Seite 38 und 41)

Daisetz Teitaro Suzuki: „Die große Befreiung”, Zürich 1978 (Seite 38, 39 und 42)

Rainer Maria Rilke, zitiert nach Hans Egon Holthusen: „Rainer Maria Rilke“, Reinbek 1958 (Seite 87)

Jean-Jacques Rousseau: „Träumereien eines einsamen Spaziergängers“, aus dem Französischen von Ulrich Bossier, Stuttgart 2003 (Seite 137)

Peter Sloterdijk: „Streß und Freiheit“, Berlin 2011 (Seite 137, 138 und 139)

Ailo Gaup, zitiert nach Geseko von Lüpke: „Altes Wissen für eine neue Zeit“, München 2008 (Seite 144)

Walpola Rahula: „What the Buddha Taught“, Sri Lanka 1996 (Seite 145)

Jean Améry: „Jenseits von Schuld und Sühne“, Stuttgart 1997 (Seite 154)

Peter Heinl: „Maikäfer flieg, dein Vater ist im Krieg“, München 1994 (Seite 155)

Hanna Krall: „Tanz auf fremder Hochzeit“, Frankfurt am Mai 1993 (Seite 156)

Reshad Feild: „Ich ging den Weg des Derwisch“, aus dem Englischen von Frank Meyer, Düsseldorf/Köln 1976 (Seite 187)
Yoel Hoffmann: „Die Kunst des letzten Augenblicks“, Freiburg 2000 (Seite 195 und 196)